HARRY LUCK

Wie spießig ist das denn?

W0198389

Buch

Kurzarmhemd, Filterkaffee, Stofftaschentuch, Zahnputzbecher, Apfelschorle, ZDF schauen, an der roten Ampel
warten... Allesamt Stichworte, die bei jedem Hipster nur
Kopfschütteln auslösen. Doch was spricht eigentlich gegen ein bisschen Spießigkeit? Immerhin verbindet jeder
mit dem ZDF fröhliche Abende im Familienkreis – zumindest in der Erinnerung, als »Wetten, dass...?« noch
einen kultigen TV-Abend mit der ganzen Familie garan-
tierte. Und ein Best-of-Sampler beinhaltet nun mal aner-
kanntermaßen die größten Hits eines Künstlers, von dem
man nicht gleich alle sechzehn Alben durchhören mag.
Müll trennen hat Sinn und Verstand, und wer bei Tchibo
nicht das eine oder andere Schnäppchen macht, ist selbst
schuld.
Harry Luck hat eine Hommage ans Spießertum und seine
Ausprägungen geschrieben: in mehr als siebzig Stichwor-
ten und Kapiteln quer durch den Schrebergarten, Gartenzwerge und Laubbläser inklusive!

Autor

Harry Luck wurde 1972 in Remscheid geboren, studierte
Politikwissenschaften in München und arbeitete nach
journalistischer Ausbildung als Nachrichtenredakteur und
politischer Korrespondent in München und Berlin. Heute
lebt und schreibt er in Bamberg. www.harry-luck.de

HARRY LUCK

Wie spießig ist das denn?

Warum Filterkaffee, Kurzarmhemden und Pauschalurlaub uns trotzdem glücklich machen

blanvalet

Verlagsgruppe Random House FSC® N001967
Das für dieses Buch verwendete FSC®-zertifizierte Papier
Holmen Book Cream liefert Holmen Paper, Hallstavik, Schweden.

1. Auflage
Originalausgabe September 2013 bei Blanvalet,
einem Unternehmen der Verlagsgruppe
Random House GmbH, München
Copyright © 2013 Blanvalet Verlag, München
Dieses Werk wurde vermittelt durch die Literaturagentur
Kai Gathemann
Redaktion: Gerhard Seidl, text in form
Umschlagillustration:
© Illustration Johannes Wiebel | punchdesign,
unter Verwendung von Motiven von Shutterstock.com
lf · Herstellung: sam
Satz: Uhl + Massopust, Aalen
Druck und Einband: GGP Media GmbH, Pößneck
Printed in Germany
ISBN: 978-3-442-38075-6

www.blanvalet.de

Vorwort
von Manuel Andrack

»Das ist echt voll spießig«, »Du alter Spießer« ... Solche Ausdrücke sind schnell mal dahergesagt. Jeder glaubt zu wissen, was gemeint ist, aber keiner kann so richtig benennen, was denn nun genau »spießig« ist. Die Definitionen oszillieren zwischen den Begriffen »bürgerlich«, »konformistisch«, »oberflächlich«, »opportunistisch«. Nun hat Harry Luck lobenswerterweise die Aufgabe übernommen, Licht ins Dunkel der deutschen Spießigkeit zu bringen, er hat sozusagen eine Enzyklopädie des Spießertums geschrieben.

Harry Luck geht normalerweise über Leichen und ist im Auftrag des Herrn unterwegs: Er ist Krimiautor und Pressesprecher des Erzbistums Bamberg. Und jetzt rückt er dem Spießer auf die Pelle. Wie ein Schmetterlingssammler jagt Luck den alltäglichen Dingen unseres Lebens hinterher, um sie dann treffsicher wie unter einem Mikroskop aufzuspießen. Die Quintessenz sei schon mal vorweggenommen: Alle vorgeblich spießigen Tätigkeiten, Angewohnheiten, Lebensmittel, Kleidungsstücke und so weiter sind bei Licht betrachtet die tollsten Erfindungen der Menschheitsgeschichte. Es lebe die Spießigkeit!

Harry Luck hat mir erzählt, er wäre bei der Recherche für dieses Buch sehr oft auf meinen Namen gestoßen: Andrack, der Wanderer, der Fußballfan, der Bierbotschafter … Ja wie spießig ist das denn? Vielleicht ist das so, vielleicht sind aber auch die wahren Spießer die, die das alles spießig finden.

In Lucks Sammelsurium der schönsten Spießigkeiten finde ich mich auf jeden Fall total wieder. Ich wandere gerne, und wenn es regnet, benutze ich einen Schirm. Ich musste mir schon von einer Dame aus dem Ruhrgebiet anhören: »Wandern mit Regenschirm und dann noch als Mann – das geht ja gar nicht!« Nun, es geht, und zwar sehr gut.

Ich habe früher Blockflöte gespielt, in der gleichen Reihenfolge wie Harry Luck übrigens, erst Sopran, dann Tenor … Und hat es mir geschadet?

Meine Ernährung ist total spießig: Wenn ich kein Weizenbier trinke, greife ich zur Apfelschorle; und süßer Wein ist eine Delikatesse, die meisten Weine sind viel zu sehr auf Trockenheit getrimmt, das ist der neue Massengeschmack. Ich verehre die Eierlikörtorte meiner Mutter und bin ein großer Fan der klassischen Stulle sowie der abendlichen Brotzeit.

Auch geschmacklich bin ich voll auf Spießerlinie, ich bin Sitzpinkler und Warmduscher; ich höre Schlager von Alexandra und Udo Jürgens; ich trage im Frühling und Sommer grundsätzlich nur Kurzarmhemden, unten drunter Unterhosen von Tchibo. Ich bin verheiratet, und wenn meine Familie es zulässt, mache ich auch regelmäßig Mittagsschlaf. Ich bin fanatischer Nutzer des öffentlichen Personennahverkehrs und stehe dazu.

Ich bin auch ein Party-Spießer. Ich fand es schon immer grässlich, bei Leuten eingeladen zu sein, die in ihren Geburtstag reinfeiern, da MUSS man dann mindestens bis Mitternacht bleiben, aber um diese Zeit liege ich normalerweise im Bett.

Ich bin süchtig nach Gesellschaftsspielen. Dem Minigolfspiel bin ich seit meinen regelmäßigen Urlaubsaufenthalten verfallen – immer in den gleichen Urlaubsort fahren = megaspießig. In diesem Zusammenhang ein Geheimtipp: Ich empfehle die Minigolfbahn in Velbert-Neviges, die Heimat des neunzehnmaligen deutschen Minigolfmeisters BGS Hardenberg Pötter.

Außerdem bin ich Stammkunde im Wertstoffhof um die Ecke und ein fanatischer Mülltrenner, ich würde gerne noch mehr trennen, zum Beispiel Kartonagen von Zeitungspapier, denn hochwertiges Papier kann man aus der Mischpapiermüllsoße nicht recyceln.

Das Schöne an diesem Buch ist: Jeder Leser wird sich darin wiederfinden, mal mehr, mal weniger, und feststellen, wie spießig er dann doch ist. Aber auch wieder nicht komplett spießig. Denn es gibt natürlich Sachen, die gehen echt zu weit: Jeanshemden, Klatschen im Flugzeug nach der Landung und Musik von Chris de Burgh – das geht alles gar nicht. Würde ich nie machen, schrecklich, entsetzlich, ich bin doch kein Spießer ...

Manuel Andrack war 13 Jahre lang Redaktionsleiter und Co-Moderator in der Harald-Schmidt-Show. Heute tritt er vor allem als 1.-FC-Köln-Fan und Wanderexperte in Erscheinung.

WIE SPIESSIG IST ES,
EIN BUCH ZU SCHREIBEN?

Vielleicht ist es sogar spießig, ein Buch zu schreiben, anstatt seine Gedanken in Blogs oder über Twitter zu verbreiten. Der Hauptvorwurf gegen den heutigen Spießbürger lautet, dass er sich engstirnig, mutlos und angepasst verhält und nach der Maxime lebt: »Was sollen die Leute denken?« Dabei ist der intelligente Spießer, der sein gepflegtes Uncoolsein zur Lebenseinstellung macht, der eigentlich Mutige, der sich über Konventionen hinwegsetzt und die Marschbefehle von Trendsettern und Modepäpsten ignoriert, um seinen eigenen Weg zu gehen. Gut ist, was zweckmäßig und praktisch ist – und schmeckt.

In dem Buch *Resturlaub* von Tommy Jaud geht es um einen Junggesellenabschied, der schon vor 23 Uhr zu Ende zu gehen droht, was zu dem Dialog führt: »Ich versteh das nicht. Wie kann man in unserem Alter schon so spießig sein?« – »Wie meinst'n du das, ›in dem Alter‹? Wir gehen doch alle auf die vierzig zu!«

Dieses Buch ist vermutlich nicht zufällig in meinem vierzigsten Lebensjahr entstanden, das magische, alles verändernde Datum immer im Blick, das die Spätjugendzeit endgültig beendet und die Vorbereitungsphase auf die Altersteilzeit einleitet, was manche in die Midlife-Crisis stürzt. Denn mit vierzig kann man sich nicht einmal mehr »Enddreißiger« nennen, der nächste runde Geburtstag macht ein halbes Jahrhundert voll, und ich erinnere mich noch genau an meine Gedanken, als die Idole meiner Teenie-Zeit wie Dieter Bohlen oder Lothar Matthäus fünfzig wurden: »Alte Knacker mit Kurzhaarschnitt in Maßanzügen!«

Wer die Kindheit endgültig hinter sich gelassen hat, wird gelassener bezüglich der gesellschaftlichen Anforderungen jener, die das Leben noch vor sich haben und denken, die Weisheit schon mit dem Breilöffel zu sich genommen zu haben. Egal, was meine Kegelbrüder denken: Ich trinke lieber Apfelschorle und alkoholfreies Bier und genehmige mir, nachdem ich mit dem Bus nach Hause gefahren bin, in meinem tapezierten Wohnzimmer mit Schrankwand noch ein Glas Eierlikör und schaue dabei ZDF. Und ich will mich dafür nicht mehr rechtfertigen müssen! Mit vierzig denke ich, genug Lebenserfahrung gesammelt zu haben, um zu wissen, was gut für mich ist. Egal, ob andere das cool finden oder nicht.

Neben dem Alter ist der Wohnort der zweite Aspekt, der darüber entscheidet, was als spießig gilt und was nicht. Dass der oben genannte Roman *Resturlaub* in Bamberg spielt, ist bezeichnend. Denn während ich dieses Spießer-Buch geschrieben habe, bin ich von der Metropole München, wo ich in einer coolen Online-Redaktion gearbeitet habe, ins provinzielle Bamberg gezogen, um dort einen – in der Wahrnehmung mancher – eher uncoolen Job in der Öffentlichkeitsarbeit wahrzunehmen. Was mir bereits nach wenigen Wochen in Bamberg aufgefallen ist: Während in der Münchner Innenstadt Männer mit Kurzarmhemden so selten und auffällig sind wie ein bunter Clown mit einer Pappnase, ist es in Bamberger Kaufhäusern kaum möglich, andere Kleidungsstücke als Kurzarmhemden zu erstehen. Und dass, wie ich bei den Recherchen zu diesem Buch festgestellt habe, der Deutsche Minigolfverband in Bamberg ansässig ist, kann auch kein Zufall sein.

Auch wenn man sich leicht zum Außenseiter macht, indem man den Trends nicht folgt: Ich habe mich schon bei TKKG mehr mit dem nerdigen Karl identifiziert als mit Superheld Tarzan/Tim – überhaupt fand ich die piefigen TKKG-Hörspiele besser als die Horrorschocker mit den drei ???. Ich sah mich nicht nur outfitmäßig mehr bei Thomas und Annika als bei Pippi Langstrumpf, und in Sachen Verbrechensbekämpfung habe ich lieber Derrick im Trenchcoat als Freund und Helfer als den »Scheiße« rufenden Schimanski in seiner stinkenden Lederjacke.

»Die Klage über den Spießer, mag sie auch manchmal selbstgerecht klingen, ist doch immer die Klage des Unterlegenen, der sich bedroht fühlt«, schrieb Jens Jessen in der *Zeit*. Die *Süddeutsche Zeitung* ergänzte: »Man ist von Spießern nicht nur umgeben, man sieht leider auch täglich beim Blick in den Spiegel einen.« Und der *Spiegel* – also das Nachrichtenmagazin – stellt schlichtweg fest: »Unspießig sein ist ein Privileg der Jugend.« Und die, so ergänze ich, endet spätestens mit dem vierzigsten Geburtstag, an dem auch jeder Punker anfangen wird, seinen Irokesenschnitt akkurat zu kämmen und seine

Piercings zu polieren. Der Punkrocker Johnny Ramone, der eigentlich den spießbürgerlichen Namen John William Cummings trug, entlarvte sich in seiner Autobiografie als der »spießigste Punker der Welt« (*SPIEGEL ONLINE*), der statt Revolution lieber eine sichere Rente wollte. Statt für Sex, Drugs und Rock'n'Roll schwärmte er für Milch mit Keksen. Vielleicht trank er nach seinen Konzerten sogar Eierlikör.

Und seien wir doch mal ehrlich: Das Spießigste ist doch, andere als Spießer zu bezeichnen!

EI, EI, EIERLIKÖR IST FEIERLIKÖR

Eierlikör ist neben Apfelschorle und Filterkaffee das am meisten unterschätzte Getränk – und genießt völlig zu Unrecht einen katastrophalen Ruf. Viele erwachsene Männer würden eher zugeben, zu Hause Heintje-CDs zu hören oder Strapse zu tragen, als öffentlich eine Flasche Eierlikör zu kaufen. Doch bevor wir zum gelben Göttertrunk kommen, müssen wir über Gerhard Tschierschnitz aus Haselborn reden – und Maria aus Bahia.

Wer kennt ihn nicht, den Evergreen unter den Werbeslogans: »Ei, Ei, Ei Verpoorten, ob hier und allerorten.« Entstanden ist das eingängige Firmenmotto im Jahr 1961, als die etwas schwerfällige Parole »Erquickt den Gaumen, labt und kräftigt, stimmt froh und heiter, daheim und allerorten: Verpoorten« völlig zu Recht abgelöst wurde.

Ausgerechnet während eines Aufenthalts in Brasilien, dem Ursprungsland des Eierlikörs, komponierte der Grandseigneur des französischen Chansons, Paul Misraki, einen Samba-Rhythmus »Ay, ay, ay, Maria, Maria aus Bahia«, den der deutsche Schlagersänger Gerhard Tschierschnitz zu einem Hit machte. Als Sohn eines Werkzeugmachers wurde Tschierschnitz 1920 in Ber-

lin geboren, begann bei Telefunken eine Mechaniker-
lehre und fiel schon mit vierzehn als Sänger auf einer
Betriebsfeier auf. 1945 kaufte er den Ausweis eines ge-
storbenen Ungarn namens René Carol und befreite sich
damit selbst aus der Kriegsgefangenschaft. Mit diesem
neuen Künstlernamen trat er in Bars und Nachtklubs
auf. 1950 war »Maria aus Bahia« seine erste Soloschall-
platte und der Beginn einer großen Schlagerkarriere, die
erst mit dem Aufstieg der Beatles endete. Carol war damals zweiundvierzig und sagte später: »Als älterer Herr
konnte ich mich nicht wie so ein Beatle kleiden und
diese Musik machen.« Er zog sich zurück aus dem Mu-
sikgeschäft und trat noch jahrelang in Altersheimen oder
auf Betriebsfeiern auf.

René Carol ist heute fast vergessen, sein Lied ist als
Verpoorten-Song aber nach wie vor ein Ohrwurm, und
die Bonner Firma muss immer noch zähneknirschend
Gema-Gebühren dafür zahlen, wenn ihre Erkennungs-
melodie im Werbefernsehen erklingt. Im Jahr 2000 wurde
sogar für den Weltmarkt eine internationale Fassung getextet, die lautet: »I, I love Verpoorten, come hear me,
when I'm calling.«

Die Geschichte des Eierlikörs ist jedoch weitaus älter
als die des Verpoorten-Songs. In der brasilianischen Heimat von »Maria aus Bahia« – Bahia ist das heutige Salvador – begeisterten und berauschten sich europäische Er-
oberer im 17. Jahrhundert an einem Erfrischungsgetränk,
das die Ureinwohner im Amazonas »Abacate« nannten.
Hergestellt wurde der Trunk aus Rohrzucker, Rum und
dem butterweichen Fruchtfleisch von Avocados, woher
die Bezeichnung »Advocat« kommt, die noch heute auf

vielen billigen Discounter-Eierlikören steht. Der aus Antwerpen stammende Schnapsbrenner Eugen Verpoorten hatte 1876 die bahnbrechende Idee, die in Europa nicht vorhandenen Avocados durch Eidotter zu ersetzen: Der Eierlikör war erfunden und eine Dotterdynastie geboren, und die angeblich bis heute unveränderte Rezeptur ist so streng gehütet wie die von Coca-Cola.

Neunzig Prozent der Deutschen kennen Verpoorten-Eierlikör, und vermutlich hat eine ganze Generation damit ihre ersten alkoholischen Erfahrungen am Nierentisch gemacht. Trotz seines Kaffeekränzchen-Images ist Eierlikör ein Kultgetränk. Die Firma Verpoorten, die eigentlich nur ein Produkt herstellt und mit fünfundachtzig Prozent Marktanteil für den gelben Genuss steht wie Tempo für Papiertaschentücher, hat bisher jeder Krise und jeder Trendwelle auf dem Spirituosenmarkt getrotzt und in der Firmengeschichte noch nie Verluste verbuchen müssen; der Umsatz liegt seit Jahren stabil bei fünfzig Millionen Euro. Täglich werden zwischen März und Oktober – nur in der Zeit ist die Eierqualität gut genug – 1,2 Millionen Eier geköpft, elf Eidotter werden für die Produktion einer 0,7-Liter-Flasche benötigt – was Eierlikör leider zu einer Cholesterinbombe macht, aber gewiss nichts damit zu tun hat, dass der einstige Firmenchef Viktor Verpoorten fünf Bypässe hatte.

Eierlikör ist ein Anti-Krisen-Getränk, denn es wird vorwiegend zu Hause konsumiert, auch in Zeiten, in denen man sich den Kneipenbesuch nicht mehr leistet. Er ist kein Stoff für Wirkungstrinker, sondern ein Genussmittel, eine Praline ohne Schokohülle, die langsam auf der Zunge zergeht. Als Oldie-Gesöff verspottet, ist Eierlikör heute ein Getränk für alle Generationen: Senioren verfeinern damit ihr Walnuss-Eis, die Best-Ager backen Eierlikör-Kuchen, und die Jugend mixt Cocktails und Drinks: Mischen is possible! Verpoorten selbst sieht sich im Supermarktregal als Wettbewerber mit Ramazotti, Campari und Baileys. Eierlikör ist Feierlikör.

Während einst Heinz Erhardt nach dem Vorbild Verpoortens in dem Film *Immer diese Radfahrer* einen Eierlikörfabrikanten verkörperte und Peter Kraus und Georg Thomalla zu Werbe-Ikonen für das gelbe Imperium wurden, ist spätestens seit Guildo »hat euch lieb« Horn Eierlikör als dickflüssiges Pendant zu Nussecken in der revitalisierten Schlagerszene zum In-Getränk kultiviert.

René Carol hat dieses Comeback von Ei, Ei, Eierlikör leider nicht mehr erlebt. Er starb 1978 im Sauerland. Wenige Jahre zuvor begründete er in einem Interview, warum er nicht dem Alkohol verfallen sei: »Ich möchte nicht wie ein aufgedunsenes Fass auf der Bühne stehen.« Allein sein größter Hit »Rote Rosen, rote Lippen, roter Wein« wurde über zwei Millionen Mal verkauft, er verdiente über achthunderttausend Mark damit. Was aus dem Geld geworden ist? »Es steckt in meinem Häuschen und in Schnaps«, sagte er. Hätte er mal besser in Eierlikör investiert.

HEMDSÄRMELIG? ABER GERNE KURZ! – DAS KURZARMHEMD

Heute ist alles erlaubt. Von Flipflops über Leggings bis zum volltätowierten Oberkörper. Doch das letzte Tabu im zivilisierten Abendland ist das Kurzarmhemd. Wenn es für den Spießer eine Uniform gäbe, sie hätte ein Hemd mit kurzen Ärmeln. »Kurze Ärmel sind für Spießer«, warnt daher auch der renommierte Etikette-Spezialist Uwe Fenner und behauptet, ein Gentleman wisse gar nicht, dass Kurzarmhemden existieren. Die Stiltrainerin Salka Schwarz stellt sogar fest: »Kurzarm-Träger – das ist so wie Warmduscher.« (Zum Thema Warmduschen später mehr!) Doch eine schlüssige Erklärung bleiben die selbst ernannten Mode-Experten schuldig, wenn sie das Kurzarmhemd allenfalls bei Staubsaugervertretern, Schutzpolizisten oder Piloten südamerikanischer Airlines erlauben, allen anderen aber ein schickes Markenoberhemd ans Herz legen. Und warum bitte soll ein Polohemd erlaubt und ein Kurzarmhemd verboten sein – zumal Letzteres einen unschlagbaren Vorteil gegenüber den meisten anderen Kleidungsstücken hat? Kugelschreiber, Zigaretten, Sonnenbrille, Handy – all das passt bequem in die Brusttasche des – kurzärmeligen – Oberhemds. Männer brauchen keine Handtasche, weil sie ein Oberhemd tragen.

Die Etikette-Trainerin Nandine Meyden urteilt hart: Kurzärmelige Hemden sähen »immer nach Internat und kleinen Jungen aus. Das passt nicht zu erwachsenen Männern«. Sie empfiehlt als Alternative, die langen Ärmel einfach hochzukrempeln, so wie Jürgen Klinsmann bei der WM 2006. – Jogi Löw hat es ihm nachgemacht. – Das sähe »wenigstens cool« aus. Welch ein Unsinn! Polohemd und Krempelarm zeigen dieselbe nackte Haut des Unterarms wie ein schönes Kurzarmhemd – es muss ja nicht gleich kariert sein –, die erotisierende Wirkung dürfte also die gleiche bleiben. Darum, liebe Modepäpste: Warum soll bei Busfahrern erlaubt sein, was beim Ottonormalspießer uncool ist? Gebt das Hemd frei – mit kultigem Kurzarm.

Die Münchner Imageberaterin Sabine Schwind von Egelstein sagt: »Das Kurzarmhemd wird dann salonfähig, wenn jemand das Kurzarmsakko erfunden hat.« Ich sage: eine geniale Idee!

SCHIRM HAT CHARME

In meiner Geburtsstadt im Bergischen Land gibt es das geflügelte Wort: »Wer in Remscheid auf sich hält, kommt mit dem Regenschirm zur Welt.« Diese bergische Volksweisheit wird wissenschaftlich untermauert durch eine Erhebung des meteorologischen Fachmagazins *Men's Health*. Demnach fallen in meiner Heimat jährlich rund tausend Liter Regen pro Quadratmeter, das bergische Regendreieck Wuppertal, Remscheid, Solingen, wo man eher verrostet als einen Sonnenbrand bekommt, liegt damit an der bundesweiten Spitze. Als ich meine Heimat aus Sehnsucht nach der weiten, sonnigen Welt verließ und nach München zog, wohnte ich in der Stadt auf dem vierten Rang der Regenliste (973 Liter). Und als ich mit meiner ersten Fernreise zum ersten Mal den europäischen Kontinent verließ, landete ich zum Ende der Regenzeit in Thailand, wo bis zu dreitausend Liter Niederschlag im Jahr gezählt werden. Kurzum: Die ersten Jahrzehnte meines Lebens war es für mich unvorstellbar, dass es Menschen gibt, die es spießig finden, immer einen Regenschirm dabeizuhaben. Und Wetter-Apps gab es noch nicht.

Dabei ist der Regenschirm neben der Stehlampe und

dem Vakuum-Sauger für Bartstoppel am Rasierapparat eine der genialsten Erfindungen der Menschheit, die bereits im Jahr 802 ihre erste urkundliche Erwähnung findet, als Abt Alcuin von Tours dem Salzburger Bischof Arno ein »Schutzdach« sandte, »damit es von deinem verehrungswürdigen Haupte den Regen abhalte«.

Ein verehrungswürdiger Haupt ist auch der gelernte Bergassessor Hans Haupt, der aufgrund einer Verletzung aus dem Ersten Weltkrieg nicht in der Lage war, Regenschirm und Spazierstock gleichzeitig zu tragen. Er griff auf nicht ganz ausgereifte Erfindungen aus dem 17. Jahrhundert zurück und entwickelte 1928 den ersten teleskopierbaren Regenschirm, der im zusammengefalteten Zustand in jede Tasche passte. Bei der Patentierung im Jahr 1930 gab er ihm einen Markennamen mit fünf Konsonanten und einem Vokal: Der »Knirps« war geboren.

Längst gibt es Schirme mit integrierter Taschenlampe, Bleistift, Pillendose, Kompass oder Trinkglas. Ängstliche Zeitgenossen, die häufiger die Berliner U-Bahn als Transportmittel benutzen, haben im Griff ihres scheinbar harmlosen Schirms einen Dolch verborgen. Und von James Bond und Nick Knatterton kennt man die Sonderanfertigungen, die sich auf Knopfdruck in ein Maschinengewehr oder einen Fallschirm verwandeln.

Aber es wäre nicht angemessen, den Schirm nur als Waffe und Regenschutz zu betrachten. Das englische Wort »umbrella«, das vom lateinischen »umbra« – Schatten – kommt, deutet darauf hin, dass er ursprünglich mal als Schattenspender gedacht war. Der Schirm ist auch ein Kulturgut, wie die häufige Verwendung als Requisite beim Deutschen Fernsehballett, im Musical (*Singin' in the Rain*) oder der modernen Musik beweist: Es ist wohl eine der erotischsten Liebeserklärungen der Pop-Geschichte, wenn sich Rihanna in nicht ganz wetterfester Kleidung mit Netzstrümpfen und Lackleibchen lasziv um einen schwarzen Stockschirm rekelt und singt: »Now that's raining more than ever / Know that we'll still have each other / You can stand under my umbrella.«

Wer heute beschirmt seine Liebe beweisen will und aus individuellen Gründen nicht im Rihanna-Outfit auf die Straße geht, hat andere Möglichkeiten. Die Firma Knirps hat ein Modell namens »Feeling« auf den Markt gebracht, auf dessen Schirmdach viele kleine Kristalle »in Liebes-Rot und Glücks-Grau« ein Herz mit einem Schwert darstellen. Auf die Idee, dass Grau die Farbe des Glücks sein soll, kann wohl nur ein Schirmhersteller kommen.

Was sich einfallsreiche Schirmdesigner ausgedacht haben, kann übrigens im einzigen Schirmmuseum der Welt, dem »Muso dell'Ombrello« in Gignese am Lago Maggiore angeschaut werden.

Dass Menschen, die bei jeder Witterung einen Schirm bei sich tragen, ausgewiesene Pessimisten sein sollen, ist eine Unterstellung, die leicht zu widerlegen ist. Der Schirmträger ist eher ein Realist, der durchaus die Sonnenstrahlen genießen kann, dabei aber nicht vergisst, dass auf Sonnenschein immer Regen folgt – und umgekehrt. Die Stadt mit den meisten Regentagen in Europa liegt nicht in Schottland, sondern mitten in Deutschland: Es ist mit zweihundertsechsundsechzig Tagen Halle an der Saale. Auch Köln liegt mit zweihundertdreiundsechzig Tagen noch vor dem schottischen Glasgow und dem irischen Cork. Von Freiburg über Kiel bis Regensburg – dort sowieso – liegt also die Regen-Wahrscheinlichkeit an jedem Tag des Jahres bei deutlich über fünfzig Prozent. Wer also ohne Schirm auf die Straße geht, verkennt schlichtweg die Realität und begibt sich sehenden Auges in die Gefahr, auf offener Straße durchnässt zu werden. Und im Vergleich zum Sonnenbrillenträger, der hinter den getönten Augengläsern seine Gefühle und sein wahres Ich verbirgt, ist der Schirmträger ein Gentleman, der bei drohendem Nass von oben jederzeit der Dame seines Herzens Schirm und Geleit andienen kann – Knirps sei Dank.

Übrigens: Dass der geniale »Mister Knirps« ausgerechnet aus Solingen und damit aus meiner bergischen Heimat stammt, kann kein Zufall sein.

MIT FILTER ZUM WAHREN KAFFEEGENUSS

Zugegeben: So ein Kaffeevollautomat mit Cappuccino-
düse, Thermoblock-Heizsystem, automatischer Pulverer-
kennung, digitaler Verkalkungsanzeige, One-Touch-Au-
tomatik und LED-Tassenbeleuchtung ist ein imposantes
Küchenmobiliar. Doch wenn man bereit ist, für eine Kaf-
feemaschine mit der Technologie eines Spaceshuttles so
viele Scheine wie für einen Gebrauchtwagen hinzulegen,
dann bezahlt man buchstäblich einen hohen Preis: Man
verzichtet auf den guten alten Filterkaffee.

Ich will hier jetzt nicht über Geschmack reden. Und
ich rede auch nicht über die im öffentlichen Dienst verbreiteten monströsen Brühvorrichtungen, in denen
eine braune Plörre so lange vor sich hin köchelt, bis sie
nach Heizöl schmeckt. Bekanntlich ist der Kaffeekon-
sum, ähnlich wie die Zigarettenpause, ein Zeremoniell,
bei dem die Vorbereitung den wahren Genuss darstellt.
Ist es nicht ein einmaliger Vorgang, die Dose mit dem
Kaffeepulver zu öffnen, woraufhin eine erste Prise des
einzigartigen Dallmayr-Jacobs-Eduscho-Aromas in die
Nase steigt, den Melitta-Filter mit Daumen, Zeige- und
Mittelfinger auseinanderzudrücken und mit den wohl-

dosierten Portionen eines Speziallöffels das braune Gold in die Filtertüte zu füllen? (Kenner durchspülen die Filtertüte erst mit Wasser, damit sie den Papiergeschmack verliert.) Nach sanftem Druck leuchtet der transparente Kippschalter rot auf und mahnt noch zur Geduld. Ein faszinierendes Röcheln und Gluckern lässt dann keinen Zweifel mehr daran, dass in wenigen Augenblicken die ersten braunen Tropfen mit einer Temperatur von 92 Grad in der Glaskanne niedergehen werden. Während dieser kostbaren Minuten, vielleicht die schönste Zeit des Tages, erfüllt sich der Raum mit einer einzigartigen Kombination aus Duft von Kaffeearoma und dem hingebungsvollen Blubbern der Maschine.

Anders als eine Tasse Espresso, die so schnell hinuntergekippt ist, wie der Vollautomat sie ausgespuckt hat, bildet die dampfende Kanne den Mittelpunkt der Kaffeetafel und lädt ein zur geselligen Kommunikation: »Oh, ist Ihre Tasse schon leer?« – »Darf ich nachschenken?« – »Mit Milch und Zucker!« – »Möchte noch jemand einen Schluck?« – Und schließlich: »Soll ich noch eine Kanne kochen?« Der Filterkaffee auf dem Tisch jedenfalls gewährleistet einen ununterbrochenen Strom von Flüssigkeit und Redefluss und macht das Kaffeetrinken zu einem gesellschaftlichen Kollektivereignis, während die Espressionisten mit ihren Vollidiotautomaten, die auch im Businessanzug einen »Latte to go« im unsäglichen Pappbecher aus der »Brew Bar« mitnehmen, die Koffeinzufuhr zu einer egomanischen Selbstbefriedigung degenerieren. Damit eins mal klar ist: Kaffee gehört in Tassen, nicht in Becher!

Verstehen Sie mich nicht falsch: Es ist selbstverständlich ein Zeichen der Völkerverständigung, wenn ich im Urlaub den italienischen Cappuccino, den französischen Café au lait, den türkischen Mocca und den spanischen Cortado genieße, aber umso selbstbewusster und mit einer gesunden Portion Patriotismus dürfen wir Deutschen auch unseren guten, alten Filterkaffee mit Bärenmarke-Kaffeesahne trinken und uns geehrt fühlen, wenn man uns im Touristenhotel in der Toskana mit »deutschem Kaffee« ein heimatliches Gefühl bieten will – und für einen »deutschen Cappuccino« zum Filterkaffee eine Dose Sprühsahne reicht.

BAUSPAREN –
DER MYTHOS VOM WÜSTENROT-TAG

Zu den prägendsten Kindheitserinnerungen aus dem elterlichen Wohnzimmer gehören neben der Schrankwand die TV-Werbespots für Ariel mit Clementine, für Schauma-Shampoo und diverse Bausparkassen, deren Slogans uns bis heute im Ohr klingen: »Auf diese Steine können Sie bauen – Schwäbisch Hall«, »Wir geben Ihrer Zukunft ein Zuhause – LBS« oder »Wünsche werden Wüstenrot«. Zu den jahrelang ungeklärten und später vergessenen Rätseln der Kindheit gehört die Frage: Was ist eigentlich der Wüstenrot-Tag? Der 31. Dezember war gemeinhin als Silvestertag bekannt; vom Wüstenrot-Tag dagegen war immer im Fernsehen die Rede, dort dafür aber mit einer solchen Vehemenz, dass man befürchten musste, der Wüstenrot-Tag sei im Maya-Kalender verzeichnet und das Verpassen dieses magischen Datums hätte eine persönlich-finanzielle Apokalypse zur Folge. Doch schon damals lernte man: Nach dem Weltuntergang ist vor dem Weltuntergang, der nächste Wüstenrot-Tag, nachdem er folgenlos verstrichen war, würde nicht lange auf sich warten lassen – welcher Mythos auch immer dahinter verborgen war.

Um es nicht zu spannend zu machen und das Rätsel aufzuklären: Für Bausparer gibt es sogenannte Bewertungsstichtage, an denen die Bewertungszahl festgelegt wird, die für die Zuteilung eines Bausparvertrages wichtig ist. Meistens sind die Stichtage vierteljährlich zum Quartalsende: Man sollte also bis zum 31. noch rasch einzahlen, um bessere Vertragskonditionen zu bekommen. Warum allerdings der Vertrag am 30. September immer unbedingt besser sein soll als am 31. Dezember, ist mir nach wie vor schleierhaft und erinnert an den immerwährenden Slogan für Sonderangebote, die »nur für kurze Zeit« im Regal stehen. Und zwar alle paar Wochen.

Wie dem auch sei: Wenn man sich über verschiedene Formen der Altersvorsorge informieren möchte, liest man immer gleich zu Beginn, dass Bausparen ja eigentlich als sehr spießig gelte, das in Wahrheit aber schon lange nicht mehr sei. Die Penetranz, mit der uns die These »Bausparen = nicht spießig, sondern cool« in die Köpfe gehämmert werden soll, macht stutzig. Und es ist frappierend, dass die LBS dieses Thema für einen Werbespot aufgegriffen hat, der inzwischen Kult geworden ist: Ein Mädchen erzählt seinem Hippie-Vater – gespielt von Ex-Tatort-Schauspieler Ingo Naujoks – von den Mitschülern, die im großen Haus ein eigenes Zimmer oder einen Garten auf dem Dach haben, von dem aus man die ganze Stadt sehen kann. »Das sind Spießer«, sagt der Vater abfällig, den die Tochter nur mit dem Vornamen Horst anspricht. Darauf die Tochter: »Wenn ich groß bin, möchte ich auch mal Spießer sein.«

»Wir befanden uns mit dem Bausparthema schließlich im Epizentrum der Spießigkeit«, räumt Carsten Heintzsch ein, der diesen Spot entwickelt hat.

Monatlich in einen Bausparvertrag einzuzahlen mit dem Ziel, in einigen Jahrzehnten das Geld für ein Eigenheim beisammenzuhaben, ist gewiss alles andere als cool und hip. Dabei ist die Idee genial: Angenommen, zehn Bauherren sind in der Lage, jährlich zehntausend Euro zurückzulegen für ein Haus, das hunderttausend Euro kostet: Erst nach zehn Jahren hätte ein Einzelner das Geld gespart. Tun sich aber zehn Bausparer zusammen, ist bereits nach einem Jahr das Geld für das erste Haus angespart. Nach einem weiteren Jahr kann das zweite Haus gebaut werden und so weiter.

Aber all die flippigen Investmentbanker, die Milliarden von Euros verzockt haben, wären wohl heute froh darüber, selbst einen uncoolen Bausparer mit Wohn-Riester auf der hohen Kante zu haben. Und wer sich als Bausparer mit einem bescheidenen Zinssatz begnügt, dafür aber die Ausdauer für ein Langzeitsparziel hat, der beweist, dass er an sich und die Zukunft glaubt. Das sagt auch die gewiss nicht als spießig geltende Schauspielerin Nora Tschirner (*Keinohrhasen*, *Zweiohrküken*): »Ein Bausparvertrag kann das Punkigste auf der Welt sein – wenn man weiß, dass das einen selbst glücklich macht, weil man weiß, dass man da so ein Sicherheits-Ding hat, das einen einfach freier macht.«

Entstanden ist die Idee des kollektiven Sparens bereits zweihundert Jahre vor unserer Zeit in China, als während der Han-Dynastie gemeinnützige Spargesellschaften gegründet wurden. Die erste Bausparkasse entstand 1775 in Birmingham, 1885 eröffnete Pastor von Bodelschwingh in

Bielefeld die »Bausparkasse für Jedermann«. 1921 gründete der gelernte Drogist, Alkoholgegner und Schriftsteller (*Merkbuch für die junge Mutter* und *Der Pilz- und Kräuterfreund*) Georg Kropp im Schwabenländle den Verein »Gemeinschaft der Freunde«, einen Klub von Bausparern. Zahlreiche Bausparverträge wurden abgeschlossen, und bald darauf wurde das erste Baugeld in Höhe von zehntausend Mark zugeteilt. Schon im Jahr 1928 beschäftigte die Bausparkasse rund zweihundert Mitarbeiter. Bis 1934 wurden an über fünfzehntausend Bausparer mehr als zweihundertzwanzig Millionen Mark ausgezahlt.

Die Geschichte des Bausparens ist heute anschaulich dargestellt im ersten Wohnhaus Kropps, wo aus einem Einzimmerunternehmen ein großer Finanzdienstleister wurde. Dort ist auch Deutschlands erster Bausparvertrag zu sehen, unterschrieben von einem Sparfuchs namens Johannes Rau, der nur zufällig so hieß wie der spätere Bundespräsident. Man erfährt außerdem, dass Theodor Heuss, Thomas Gottschalk und Karl-Heinz Rummenigge prominente Wüstenrot-Bausparer waren – außerdem der Tier-Experte Bernhard Grzimek, dessen Brief an die Gemeinschaft der Freunde Wüstenrot ausgestellt ist: Er schrieb kurz vor Weihnachten 1969 den »sehr geehrten Herren«, dass er eine Dreieinhalbzimmerwohnung in der Nähe des Frankfurter Zoos kaufen wolle. Der Standort des kleinen Museums verrät auch, woher der Name Wüstenrot eigentlich kommt: Denn in diesem Sechstausendachthundert-Einwohner-Dorf bei Heilbronn – übrigens nur dreißig Kilometer von Schwäbisch Hall entfernt – wurde die erste Bausparkasse gegründet. Dort ist jeden Tag Wüstenrot-Tag.

APFELSCHORLE ROCKS THE WORLD

Es gibt viele gute Gründe für alkoholfreie Erfrischungs-
getränke. Der beste Grund dafür besteht je zur Hälfte aus
Wasser und Apfelsaft. Warum dieses simple, schmack-
hafte und erfrischende Getränk hierzulande den merkwürdigen Namen Apfelschorle bekommen hat, ist unter Sprachforschern noch nicht vollkommen geklärt: Das
Duden-Herkunftswörterbuch führt die Bezeichnung auf
das niederbayerische Wort »Schurlemurle« zurück, das
seit dem 18. Jahrhundert für ein Mischgetränk aus Wein
und Sprudelwasser stand. Noch älter ist der niederdeut-
sche Begriff »Schurrmurr« für »Mischmasch«. Andere
Etymologen führen das Wort »Schorle« auf das mund-
artlich südwestdeutsche »schuren« – sprudeln – zurück. Es gibt weitere Deutungsversuche, die uns nach
Persien, Russland, auf den Balkan oder in die Nieder-
lande führen wollen, uns hier aber nicht wirklich wei-
terbringen. Denn fest steht, dass Apfelschorle längst
sämtlichen alkoholischen Erzeugnissen den Rang abgelaufen hat und ein deutsches Nationalgetränk geworden ist. Sie hat es sogar neben den Wörtern »Biergar-
ten« und »Weinstube« in die englischsprachige Ausgabe
von Wikipedia gebracht, wo es heißt: »Apfelschorle is

a popular soft drink in Germany.« Und tatsächlich: Sobald man die deutschen Landesgrenzen überschreitet, ist von Apfelschorle keine Rede mehr. Die Österreicher sprechen ganz unlyrisch-profan von »gespritzten Fruchtsäften« – okay, dafür haben sie ihren Almdudler.

Für mich ist »German Apfelschorle« mehr als ein mit Sprudel verdünnter Apfelsaft, für dessen Zubereitung die internationale Kochrezepte-Seite food.com genau zwei Minuten veranschlagt. Ich bestelle im Flugzeug keinen Tomatensaft, beim Thailänder kein Singha-Bier, in der Kneipe kein Radler und in der Kantine keine Bionade. Und vor allem brauche ich keinen Johannisbeersaft! Wer Apfelschorle trinkt, bringt eine Lebenseinstellung zum Ausdruck, die von Gesundheitsbewusstsein, Sportlichkeit und Bescheidenheit geprägt ist – und er kurbelt die heimische Landwirtschaft an, statt die chinesische Litschibaum-Mafia zu fördern. Apfelschorle-Trinker erhöhen ihre Gedächtnis- und Konzentrationsleistung zum Beispiel auf langen Autofahrten, und durch einen konstanten Blutzuckerspiegel vermeiden sie Heißhungerattacken, weshalb sie schlanker und schöner sind als jeder Fanta-Trinker.

Natürlich trinke ich keine industriell gefertigten Produkte, auf denen zwar Apfelschorle drauf steht, in denen aber vor allem Zucker und künstliche Aromastoffe drin sind und die laut Stiftung Warentest zum Teil sogar nach »Shampoo mit Apfelduft« riechen. Die beste Apfelschorle ist immer noch die selbst gemachte. Das Rezept ist einfach und im Internet auf www.kochrezepte. de nachzulesen:

Zutaten: 100 ml Apfelsaft, 100 ml Mineralwasser. Zubereitung: Eiswürfel in ein Glas geben. Apfelsaft und Mineralwasser einfüllen.

Fertig. Und Prostata!

LIEBLICHER WEIN –
KOMM, SCHENK MIR EIN!

»Oh, wie süß«, ist ein Ausdruck des wohlwollenden Entzückens – sofern es sich um ein selbst getextetes Liebesgedicht, ein Elefantenbaby oder eine krakelige Kinderzeichnung handelt. Sobald es aber um Wein geht, gilt »süß« als die laienhafte Umschreibung für das Prädikat »besonders wertlos«. Da hilft es auch nicht, als Synonym die Begriffe »lieblich«, »mild« oder »feinherb« zu verwenden oder darauf zu verweisen, dass im anglofonen Sprachraum die wohlklingenden Wörter »charming« oder »lovely« üblich sind. Süßer Wein ist etwas für Weicheier, so die landläufige Meinung, und für einen echten Weingourmet kann es nicht staubtrocken genug sein. Darum bedarf es einer gehörigen Portion Mut, sich vom Sommelier im Sternerestaurant etwas servieren zu lassen, was nicht zumindest als »halbtrocken« deklariert ist. Aber warum ist das so? Hat schon mal jemand über süße Kekse die Nase gerümpft oder nach einer halbtrockenen Sahnetorte verlangt? Ist schon mal jemand als kulinarischer Banause verschrien worden, bloß weil er seinen Kaffee mit Zucker gesüßt, sein Vollkornbrot mit Nutella beschmiert oder eine Pizza mit Ananasscheiben verfeinert hat? Und wird der Wein nicht immer noch aus süßen Trauben gewonnen?

Guten Wein erkennt man daran, dass er a) schmeckt, b) eine Flasche mehr als fünf Euro kostet und c) am nächsten Tag der Schädel nicht brummt. Und genau jene Kopfschmerzen, die der Genuss von süßem Wein angeblich unweigerlich hervorruft, dienen als letztes Argument im Munde der staubtrockenen Süßweindenunzianten. Dass nicht jeder die Kombination aus Zucker und Schwefel gleichermaßen verträgt und am nächsten Morgen mit einem Brummschädel reagiert, ist wohl nicht zu verleugnen. Aber es gibt auch Menschen mit Heuschnupfen – sollen deshalb alle anderen im Frühling einen großen Bogen um frisch gemähte Wiesen machen?

Wer schon mal das Glück hatte, ein Glas »Amadeus« oder »Sisi« der Weinkellerei Meran zu verkösten oder sich an der wunderbar vielschichtigen, feinnervigen und finessenreich betörenden Fruchtfülle mit leicht mineralischer Note einer Schloss Johannisberger Grünlack Spätlese zu erfreuen, der wird bestätigen: Der Verzicht auf süßen Wein ist ein nicht wiedergutzumachender Verlust an Gaumenfreude.

Und übrigens: Jeder Hobby-Önologe, der es spießig findet, Weinflaschen mit Schraubverschluss zu verwenden, der sollte sich mal fragen, ob ein Schraubverschluss nach Kork schmecken kann.

DAS ZDF – WO MAN ALS ZUSCHAUER NOCH VEREHRT WIRD

Das Erste für die »Tagesschau« und »Lindenstraße«, das Zweite für »Wetten, dass…?« und »Traumschiff« und das Dritte für den Regionalsport, Telekolleg und die »Sesamstraße«. Das war jahrzehntelang ausreichend – und ist es auch heute noch. Auch wenn ich »Dalli, Dalli« und die »Hitparade« ebenso vermisse wie die »Drombuschs« und das »Schaufenster am Donnerstag«, so kann ich mich doch auch heute noch darauf verlassen, dass ich im gebührenfinanzierten Fernsehen alles kriege, was ich zur feierabendlichen Dauerberieselung benötige, ohne alle zwanzig Minuten von Slogans à la »Geiz ist geil« oder »Carglassrepariertcarglasstauschtaus« aus dem Suppenkoma gerissen zu werden.

Genau genommen ist dem zu Unrecht als Narkosesender verspotteten ZDF zu verdanken, dass ein ganz normaler Samstagabend auch im Zeitalter nach Peter Frankenfeld, Hans-Joachim Kulenkampff, Kurt Felix und Rudi Carrell noch so verlaufen kann, wie es sich ein werktägiger Gebühren zahlender Durchschnittszuschauer nach einer harten Arbeitswoche verdient hat: Apfelschorle, Eierlikör, Käseigel und Erdnussflips – und dazu eine zweieinhalbstündige Fernsehshow, die nicht durch Werbespots, sondern durch Live-Darbietungen internationaler Musikgrößen von Elton John bis Meat Loaf unterbrochen wird. »Wetten, dass ...?« ist nach dem Abschied von TV-Dinosaurier Thomas Gottschalk der Jurassic Park der gepflegten Fernsehunterhaltung geblieben, und die teuer bezahlte Reklame wird dort geschickt in den Moderationen versteckt oder unauffällig durch eingeblendete Firmenlogos platziert. Und auch wenn es Kultsendungen wie »Drehscheibe«, »Tele-Illustrierte«, »Kennzeichen D«, »Rappelkiste«, »Vorsicht, Falle!« oder das »ZDF-Ferienprogramm« nicht mehr gibt, so standen sie doch Pate für vieles, was heute noch unbeschwerte Unterhaltung beschert. Eine alte Folge »Derrick« auf DVD ist immer noch niveauvoller als eine ganze Staffel »CSI« oder »Alarm für Cobra 11«. Und kann es etwas Spannenderes geben, als wenn bei »Aktenzeichen XY«, der Mutter des Reality-TV, immer wieder das Blut in den Adern gefriert, wenn es heißt: »Gustav B. ahnte nichts, als er wie jeden Morgen zur Arbeit fuhr ...« Und jeden Sonntag freue ich mich nach dem Fernsehgottesdienst auf die Wiederholung der »Schwarzwaldklinik«, der immer noch erfolgreichsten deutschen TV-Serie aller Zeiten.

Mit dem Zweiten sieht man bekanntlich besser, und im Zweiten herrschen noch Anstand und Sitte. Eine Pöbelei, wie sie sich Dieter Bohlen bei der Superstarsuche leistet, wäre auf dem Mainzer Lerchenberg ebenso undenkbar wie das öffentliche Zurschaustellen von minderbemittelten Junggesellen oder auf dem Heiratsmarkt übrig gebliebenen Landwirten, das gegen alle Menschenrechtskonventionen verstößt. Im Privatfernsehen werden die »Nervigsten Deutschen« sogar mit einem eigenen TV-Format kultiviert. In der heilen Vorabend-Welt der Mainzelmännchen hingegen gibt es keinen Klimawandel, keine Arbeitslosigkeit und keine Finanzkrise. Die größten Probleme am Vorabend sind Blasenschwäche, Sodbrennen, Haarausfall und Hexenschuss – und mit dem nächsten lustigen Mainzelmännchen-Spot wieder vergessen.

Mit meiner neuen DVB-T-Antenne kann ich nur öffentlich-rechtliche Sender empfangen. Ich spare jeden Monat Kabelgebühren und vermisse – nichts. Dagegen werde ich in der ersten Reihe des ZDF als Zuschauer respektiert und ernst genommen. Wo sonst wird man heute noch mit »verehrte Zuschauer« angesprochen? Dafür zahle ich gerne Gebühren – oder wie es heutzutage heißt: Rundfunkbeitrag.

DIE AUTORITÄT DER ROTEN AMPEL

»Gehst du über Rot, bist du bald tot.« Das steht zwar so nicht wörtlich in der Straßenverkehrsordnung, ist aber eine Lebensweisheit, die durch jede Unfallstatistik untermauert wird. Im Straßenverkehr sterben mehr Menschen als durch Kriege, Völkermord oder Terrorismus. Im Vergleich zu fast viertausend Verkehrstoten jährlich in Deutschland und über einer Million Verletzten (weltweit sogar vierzig Millionen) sind die Opferzahlen aller Vogelgrippen und Rinderseuchen zusammengenommen kaum noch messbar. Natürlich ist nicht jeder Verkehrstote über eine rote Ampel gegangen, sondern viele werden unverschuldet Opfer von rasenden Nicht-Apfelschorle-Trinkern. Doch wer gegen die Wartepflicht an einer roten Ampel verstößt, riskiert nicht nur seine körperliche Unversehrtheit, sondern auch ein Bußgeld von mindestens fünf Euro und ist auch jenen Kindern, die den Regelverstoß zufällig beobachten könnten, ein schlechtes Vorbild. Es gibt auch noch den besonders schlauen Anarchisten, der im Rotlicht-Milieu fünf Meter neben der Ampel die Straße überquert und sich einbildet, das Verbot und damit die Strafe buchstäblich umgangen zu haben, weil die StVO ein solches »Vorgehen« nicht berücksichtigt hat.

Aber darum geht es hier gar nicht in erster Linie. Denn eine Ampel strahlt neben ihrem roten Licht eine staatliche Autorität aus, die auch dann gültig ist, wenn weder Polizist noch Pimpf in der Nähe sind. Wer nachts um halb drei an einer einsamen Seitenstraße das Haltesignal missachtet, begeht nur scheinbar ein Kavaliersdelikt. Unser gesamtes staatliches Gemeinwesen beruht auf Regeln und Gesetzen, die wir uns selbst auferlegt haben. (Schon vergessen? Demokratie ist die Herrschaft des Volkes. Die Politiker, die über den Bußgeldkatalog entscheiden, haben wir selbst gewählt.) Und wer den Paragraf 49, Absatz 3, der StVO missachtet, der hält es vielleicht in anderen Situationen auch mit anderen Vorschriften nicht mehr so genau. Dass ein Rotsünder auch ein potenzieller Bankräuber ist, kann hier weder behauptet noch bewiesen werden. Doch ohne Zweifel wäre eine Welt ohne Gesetzesbrecher und Regelverletzer zwar vielleicht spießig, dafür aber friedlich.

Verkehrsregeln haben ihren Sinn, und wer bei Rot stehen bleibt, akzeptiert den Sinn dieser Regeln, von denen er schließlich auch selbst profitiert: Denn wer in eine Einbahnstraße fährt, kann zu 99,9 Prozent sicher sein, dass ihm kein Fahrzeug entgegenkommt.

Die Wechsellichtzeichenanlage in einer einsamen Sackgasse bei Dunkelheit ist nicht nur ein Verkehrszeichen, sondern auch ein Symbol für ein funktionierendes Gemeinwesen. »Lieber rot als tot«, sagte man in früheren Zeiten. Heute bedroht uns nicht mehr der Kommunismus, sondern die zügellose Anarchie. Daher sollte es heute heißen: »Lieber ein spießiger und lebendiger Staatsbürger als ganz cool vom Auto überfahren werden.« Und wer von allen Argumenten der Lebenserhaltung unbeeindruckt bleibt und das Rotlicht nur dann beachtet, wenn eine Strafe droht, der sollte sich fragen lassen, ob er im Kaufhaus auch klauen würde, wenn die Detektive streiken, oder seinem Partner nur treu ist aus Angst davor, beim Seitensprung erwischt zu werden.

O TANNENBAUM – ÜBER DAS KLAUEN VON ZEITUNGEN UND CHRISTBÄUMEN

Ähnlich wie mit der roten Ampel verhält es sich mit den sogenannten stummen Verkäufern. Die Metallboxen mit Plexiglasdeckel am Straßenrand, in denen vom Boulevardblatt bis zur Qualitätszeitung alles feilgeboten wird, was die Tagespresse im Sortiment hat, heißen nicht umsonst »stumme Verkäufer«. Wenn die darin liegenden Zeitungen als Werbegeschenke zum Mitnehmen gedacht wären, hießen sie »stumme Spender«. Allein die Tatsache, dass der Verkauf von Zeitungen zu jeder Tages- und Nachtzeit auf diese Weise unkompliziert und ohne Kontrollfunktion und Wechselgeldrückgabe möglich ist, verleitet den einen oder anderen dazu, dies als Gratis-Mitnahmeeffekt zu betrachten. Denn dass die Aufschrift »Zahlungskontrolle jederzeit möglich« eine eher leere Drohung darstellt, hat sich längst bis zum letzten Abo-Sparer herumgesprochen, zu denen auch mein Freund Ben gehört, dem sein wirklicher Name Benjamin schon lange zu spießig klingt. Ich glaube, er hat im Leben noch keine Zeitung bezahlt. Seine Lieblingsargumente lauten: »Die Verlage verschenken die Zeitungen auf diese Weise, um die Auflage hochzuhalten und damit die Anzeigenpreise zu sichern.« Und: »In der Gesamtkalkulation sind die geklauten Zeitungen mit eingerechnet.« Das mag sogar beides zutreffen, dennoch – das sei an dieser Stelle mal ganz spießig festgehalten – handelt es sich um Diebstahl, der in der perfidesten Form ausgeübt wird, indem statt des verlangten Betrags zwei Cent-Stücke eingeworfen werden oder gar – das beherrschen allerdings nur die abgebrühtesten Gratisleser – nur für die Umstehenden die Geldbörse gezückt und das Einwerfen einer klimpernden Münze vorgetäuscht wird. Diese Laiendarsteller hätten es zuweilen fast verdient, das gesparte Geld als Gage für ihre Schauspielkunst zu kassieren.

Ähnlich funktionieren die »Snack-Boxen« in vielen Büros, aus denen man sich gegen den Einwurf eines Euros Schokoriegel oder kleine Gummibärchentüten nehmen darf. In einem Büro, wo eine solche Box aufgestellt wurde, fehlte nach der ersten Abrechnung der stolze Betrag von fünfundvierzig Euro. Das heißt, dass etwa jede zweite Süßigkeit nicht bezahlt wurde. Die Snack-Box gab es bald darauf nicht mehr. Die Diebe sind nach wie vor unbehelligt auf freiem Fuß.

Zeitungen werden bekanntlich aus Papier gemacht, das immer weniger aus Holz, also Bäumen, besteht, aber dennoch: Hier wären wir beim nächsten vermeintlichen Kavaliersdelikt, das nur deshalb in der Statistik der Kleinkriminalität nicht auftaucht, weil es sich um ein saisonal begrenztes Vergehen handelt: den Christbaumklau.

Von den zahllosen Tannenbäumen, die alle Jahre wieder in der Adventszeit bei Nacht und Nebel heimlich im Wald geschlagen und daheim aufgestellt werden, dürften die wenigsten aufgrund von Bedürftigkeit gestohlen werden. Vielmehr handelt es sich um einen besonderen Kick und den Beweis besonderer Coolness, unter einem »selbst geholten« Weihnachtsbaum scheinheilig »O du fröhliche« zu singen. Doch anders als beim Zeitungsklau, wo es um Bagatellbeträge geht, kann der Diebstahl einer Nordmanntanne juristisch schnell zum Verbrechen werden: Ist das Diebesgut mehr wert als fünfzig Euro, handelt es sich für die Polizei nicht mehr um einen »Diebstahl von geringem Wert«. Dies sollte nur der riskieren, der einen Knastaufenthalt cool findet, denn es drohen bis zu fünf Jahre Haft. (Und aus diesem Grund kann ich mich wegen noch nicht abgelaufener Verjährungsfrist auch nicht über Bens Tannenbaum äußern.)

Den wenigsten Menschen in Deutschland geht es so schlecht, dass sie aufs Klauen angewiesen sind. Dennoch ist es für viele fast ein sportlicher Ehrgeiz, etwa den ungeliebten Arbeitgeber unbemerkt und dauerhaft zu schädigen, zum Beispiel, um eine längst überfällige Gehaltserhöhung auszugleichen. Ein früherer Kollege von mir hatte es sich zur Lebensaufgabe gemacht, bis zur Pensionierung keine Milchtüten, Spülmaschinen-Tabs und Zuckerwürfel mehr zu kaufen. Bei all diesen Dingen bediente er sich tagtäglich in geringsten Mengen in der Büroküche, natürlich unbemerkt – bis zu seiner Entlassung. Gefeuert wurde er allerdings nicht, weil er des dauerhaft organisierten Diebstahls überführt worden wäre, sondern weil seine Abteilung aus betriebsbedingten Gründen aufgelöst wurde. Er arbeitet heute in der Buchhaltung der Kreissparkasse. Womit er seinen Bausparvertrag füllt, möchte ich lieber nicht wissen.

Sich dort fremden Eigentums zu bemächtigen, wo die Sanktionsmöglichkeiten gegen null tendieren, ist nicht cool, sondern feige. Und den wahren Kick gibt mir das gute Gewissen, eine Zeitung, einen Christbaum oder eine Milchtüte auch dann bezahlt zu haben, wenn der Diebstahl ein Kinderspiel gewesen wäre.

GREATEST HITS UND MUSIK-SAMPLER:
NUR DAS BESTE!

Man muss schon ein sehr großer Fan sein, um sich alle dreißig Rolling-Stones-Alben ins Regal zu stellen. Und man muss wohl ein noch größerer Fan sein, um ihre Hunderte von Songs alle gleich gut zu finden. Aber auch Queen, Chris de Burgh, Peter Maffay oder Pur können gar nicht so genial sein, dass jedes ihrer musikalischen Werke gleichermaßen vollkommen unübertrefflich durch die Boxen klingt. Denn, liebe Chartbreaker, mal Hand aufs Herz: Da wird doch oft genug in letzter Minute noch das ein oder andere eigentlich unbrauchbare Stück als Füllmaterial auf die Platte gepresst, weil der Veröffentlichungstermin bedrohlich näher rückt und noch wenigstens ein zehnter Track für das Album fehlt, der es eigentlich nicht einmal auf die B-Seite einer Single schaffen würde. Und was ist mit den überflüssigen Songs, mit denen die Rockröhre beweisen will, dass sie auch Jazz, Soul oder Blues beherrscht – oder der Gangster-Rapper, der für seine Schwiegermutter eine Schlagerschnulze aufgenommen hat: Lieder, die die Welt nicht braucht!

Nun hat man also die Möglichkeit, seine Stones-Alben

der Reihe nach durchzuhören und mit der Skip-Taste von Lieblingssong zu Lieblingssong zu springen – oder man legt einfach eine Best-of-Scheibe ein und verlässt sich darauf, dass ein Ohrenschmaus dem anderen folgt. Was kann daran verwerflich sein, wenn dann ein Titel aus den Sechzigern einem aus den Achtzigern folgt und die Reihenfolge nicht von den Künstlern dramaturgisch arrangiert ist?

Und warum soll man sich *Cats* oder die fünfte Symphonie von Beethoven komplett anhören müssen, wenn man doch nur auf das geträllerte »Moonlight« oder das hämmernde »Da-da-da-daaaaa« wartet? Wer Musik zur Unterhaltung hört, sollte sich doch darauf verlassen können, dass sich die Macher von Samplern wie »Kuschel-Rock«, »Feten-Hits«, »Best of Phantom der Oper« oder »Hundert Meisterwerke der Klassik« bei ihrer Auswahl etwas gedacht haben und dem Hörer das Überspringen von Füllmaterial abnehmen. Auch thematische Sampler von »Neuer Deutscher Welle« über »Schlager« bis »Hits aus den Achtzigern« gehören in jedes Archiv, damit in jeder Lebens- und Liebeslage die richtige musikalische Untermalung mit drei Handgriffen (1. Hülle öffnen, 2. Scheibe zwischen Daumen und Mittelfinger klemmen und 3. einlegen) abspielbereit ist. Das ist sinnlicher und haptischer, als auf dem Smartphone eine Youtube- oder Spotify-Playlist zu programmieren oder den USB-Stick an den Multimedia-Fernseher anzuschließen. Wie belanglos und sinnentleert erscheint doch ein Ladevorgang bei iTunes im Vergleich zum Stöbern im Plattenregal!

Und wer jetzt meint, dass Käufer von Best-of-Alben

nichts zum Stöbern haben, der irrt gewaltig: Allein die Rolling Stones haben über ein Dutzend Greatest-Hits-Sampler veröffentlicht!

REISEN SIND KEIN ÜBERLEBENSTRAINING: PAUSCHALURLAUB IN DEUTSCHLAND

Urlaub soll der Erholung dienen, das steht schon so im Arbeitsrecht. Wer also nach dem täglichen Überlebenskampf im Büro auch noch seine Ferienzeit damit zubringen will, gegen Moskitos, korrupte Kellner oder radebrechende Fremdenführer und Taxifahrer zu kämpfen, der soll doch einen Individualurlaub mit Zelt und Rucksack machen – sich danach aber nicht beklagen, wenn die Erholung auf der abenteuerlichen Survivaltour auf der Strecke bleibt.

Was zeichnet denn Urlaub und Entspannung aus? Man muss sich um nichts kümmern, bekommt alles hinterhergetragen, trifft nur Menschen, die einem wohlgesinnt sind und die gleiche Sprache sprechen, und ein rotes Bändchen am Handgelenk legitimiert zum unbeschränkten Verzehr von Speisen und Getränken, die man gefahrlos konsumieren kann, weil der deutsche Magen an sie gewöhnt ist und Montezumas Rachegelüste erst gar keine Chance zur Entfaltung bekommen. Wer möchte schon seine hart verdienten Urlaubstage mit Lebensmittelvergiftung im Hotelzimmer verbringen und auf den »Global Doctor« warten. Schweinsbraten und Kaiserschmarrn schmecken schließlich weltweit gleich gut – und da weiß man, was man hat.

Das erste Abenteuer eines sogenannten Individualurlaubs beginnt ja bereits mit dem Weg zum Flughafen und allen damit verbundenen Gefahren, sich am Terminal zu verirren, den Check-in-Schalter nicht zu finden oder den Flieger zu verpassen, weil man mit dem Auto im Stau steht. Da ist es doch viel komfortabler, sich vom klimatisierten Reisebus in Wurmannsquick oder Radevormwald vor der Haustür abholen zu lassen und sein Schicksal in die kompetenten Hände von vielsprachigen, hochgebildeten Alleinunterhaltern zu legen: Der hochgestreckte Regenschirm in der Hand verleiht ihnen ähnliche Autorität wie die Verkehrskelle einem Polizisten und der Bischofsstab einem Oberhirten. Sie kennen nicht nur alle Insider-Geheimtipps, die in keinem Baedeker oder einem meist englischsprachigen Lonely-Planet-Reiseführer stehen. Sie führen einen zielsicher zu Teppich-Basaren und Schmuck-Werkstätten, wo unschlagbare Schnäppchenangebote locken – inklusive günstigem Versand in die Heimat. Und sie verhindern, dass man auf betrügerische Straßenhändler hereinfällt, die einem ein T-Shirt mit der in fremder Sprache gedruckten Aufschrift verkaufen: »Ich bin ein Tourist, bitte rauben Sie mich aus!«

Warum soll man sich freiwillig in die Situation begeben, auf einer griechischen Insel die Orientierung zu verlieren, weil man kein einziges Straßenschild entziffern kann? Warum soll man sich freiwillig größeren Gefahren aussetzen als einem Sonnenbrand am hoteleigenen Strand oder einer unerwarteten Begegnung mit den Kegelbrüdern aus der Heimat?

Natürlich muss es nicht immer eine von vorn bis hinten durchorganisierte All-inclusive-Neckermann-Reise sein. Es gibt auch eine Form von Individualurlaub, die keine Wünsche offen lässt und auch für Flugangst- und Tsunami-Paranoiker hundertprozentig geeignet ist: Ferien auf dem Bauernhof im Bayerischen Wald mit täglich frischer Milch und Frühstücksei. Das wird auch nach fünfundzwanzig Jahren nicht langweilig, wenn irgendwann die Kinder mit ihren Kindern auf demselben Hof im Kuhstall spielen, und man weiß immer, welche Briefmarke man auf die Ansichtskarte an die Daheimgebliebenen zu kleben hat. Und mal ehrlich: Schweinsbraten und Kaiserschmarrn schmecken doch immer noch zu Hause am besten.

FEIN SÄUBERLICH GETRENNT:
WELLNESS AM WERTSTOFFHOF

Jeder kennt wohl jemanden, der jemanden kennt, der schon mal gesehen haben will, wie Arbeiter am Bahnsteig die für Papier, Plastik und Restmüll separierten Abfallbehälter bei der Entleerung skrupellos zusammenschütten. Mit dem Fazit: Mülltrennung ist Lug und Trug und dient nur zur Beruhigung des Gewissens der Müllverursacher. Und deshalb werden vermutlich, so die Verschwörungstheoretiker, die Inhalte von gelber, grüner, blauer, grauer und brauner Tonne von der Müllmafia auch ebenso skrupellos auf Deponien zusammengekippt.

Vermutlich allerdings haben nur die wenigsten wirklich mit eigenen Augen ein solch ungeheuerliches Vorgehen beobachtet. Denn die Faktenlage spricht eindeutig für den ökologischen Effekt des sortierten Abfalls. Papier kann inzwischen bis zu acht Mal wiederverwendet werden, ohne dass ein einziger Baum dafür sterben muss. Aus altem Plastik werden Eimer oder Pullover, Biomüll wird in Kraftwerken zur Energiegewinnung genutzt. Insgesamt ist das Recycling längst zu einer lukrativen Branche geworden, die in Deutschland zweihundertfünfzigtausend Menschen beschäftigt und fünfzig Milliarden Euro Umsatz erwirtschaftet.

Auch wenn sich Dosenpfand auf Vaterland reimt, befinden sich unter den Mülltrennern nicht mehr ideologisch Verblendete als unter den Glas-in-den-Papierkorb-Werfern. Der ökologische Gewinn von Mülltrennung ist nicht zu bestreiten. Auch wenn vermutlich in naher Zukunft die Sortiermaschinen so ausgereift sein werden, dass das getrennte Wegwerfen im Haushalt überflüssig wird, so ist der psychologische Effekt des strukturierten Entrümpelns nicht zu vernachlässigen. Das Gefühl, die in einer Woche gesammelten Joghurtbecher, Saftflaschen und Milchkartons im gelben Sack abholen oder im Plastikcontainer verschwinden zu lassen, dabei kiloweise Ballast abzuwerfen und auch noch die Gewissheit zu haben, etwas Gutes zu tun, ist unvergleichlich befreiend und wird nur noch durch eins übertroffen: den Besuch am Wertstoffhof.

Viel zu selten hat man die Gelegenheit, die großen Recycling-Parks aufzusuchen, wo riesige Container von unrasierten Müll-Sheriffs in orangefarbenen Westen bewacht werden, die streng darauf achten, dass Papier nicht im Container für Kartonagen landet, Metall nicht beim Sperrmüll und zerlegte Möbel auch wirklich zerlegt sind. Eine Pkw-Ladung darf man dort täglich loswerden, nachdem man tagelang das Laub im Garten gesammelt, Schrankwände in Einzelbretter atomisiert, Umzugskartons platt gemacht oder ausrangierte Computer samt Monitor und Lautsprecherboxen abmontiert – Kabel separat – und zum Abtransport für den Wertstoffhof vorbereitet hat. Es scheint, als habe man den Ballast eines halben Lebens aufgetürmt, der jahrelang ungenutzt im Weg stand, für Klaustrophobie gesorgt und den Wohnraum verkleinert hat. Und dann verschwindet dieser Unrat in Minutenschnelle wie nichts im riesigen Schlund des Müllmonsters und verliert sich innerhalb von Augenblicken im Unrat der gesamten Nachbarschaft, bevor er zermalmt, zerkleinert oder auf andere Weise atomisiert wird. Was noch vor Kurzem wie eine zentnerschwere Last auf Seele und Wohlbefinden drückte, hat sich in Luft aufgelöst – und Platz gemacht für neue Schrankwände, Stehlampen und Computer, die auch irgendwann zum Plunder werden und Anlass für einen neuen befreienden Ausflug zum Wertstoffhof bieten. Nicht umsonst lehren Feng-Shui-Gurus, dass man täglich siebenundzwanzig Dinge wegschmeißen soll, um sein Leben zu erleichtern.

Das Gerede, Mülltrennung diene nur der Beschäftigung von Gutmenschen und militanten Ökos, ist nichts anderes als die faule Ausrede von ignoranten Klimakillern, die hinter jeder Tonne die Müllmafia vermuten. Mülltrennung schont die Umwelt, spart Ressourcen – und der gebührenfreie Besuch beim Wertstoffhof ist immer deutlich günstiger und manchmal wirkungsvoller als eine langwierige Psychotherapie.

OPEL IST O.K.

Ein Geschäftsmann berichtet, dass er sich einen neuen Wagen zulegte, nachdem ihn ein Kunde gefragt hat: »Geht es Ihnen schon so schlecht, dass Sie Opel fahren müssen?« Dass ein Opel als so sexy gilt wie eine Nähmaschine oder ein Kühlschrank, hat vielleicht historische Gründe. Denn der legendäre Firmengründer Adam Opel begann seine Erfolgsgeschichte nicht in einer Garage, sondern in einem Kuhstall. Und dort schraubte er 1863 nicht etwa die ersten Automobile zusammen, sondern produzierte – wirklich wahr – Nähmaschinen. Zu Lebzeiten von Adam Opel hat seine Firma kein einziges Auto hergestellt und war bis in die Vierzigerjahre vor allem mit Kühlschränken erfolgreich. Wenn ein Unternehmen mit dieser Erfahrung in der Nähmaschinen- und Kühlschrankbranche schließlich auf Automobile umsattelt, dann müssen dabei schon sehr einzigartige Fahrzeuge herauskommen.

Lange bevor der als Brotkasten verspottete Heimcomputer C64 die Welt eroberte, fuhr bereits der Opel-Commodore mit hundertfünfzig PS, sechs Zylindern, Servolenkung, Vinyldach, Sitzheizung und Scheinwerferreinigungsanlage über die deutschen Straßen. Und auch der zum Witzobjekt verkommene Manta, der als Facharbeiter-Porsche bis heute eine Legende ist, hat es wohl neben dem VW-Käfer als einziges serienmäßiges Fahrzeug geschafft, ein Leinwandstar zu werden. Einen Opel zu fahren, ist eine Lebenseinstellung, die schon durch die staatstragenden Namen der Modelle deutlich wird: Olympia, Kapitän, Senator, Admiral, Diplomat und Rekord klingt einfach anders als Polo, Avensis, Hilux, CX7, Z3 oder SLK.

Auch wenn die Modelle heute Astra, Omega und Zafira heißen, gilt immer noch: »Opel faahn iss wie wennze fliechst.« Und wer unbedingt mal Mercedes fahren will, der kann ja jederzeit ein Taxi rufen.

Die Glaubensfrage der Mittelschicht lautet immer noch: »Ford oder Opel?« Die Antwort ist eindeutig, nicht nur wegen der Unterstützung nicht systemrelevanter Arbeitsplätze in der heimischen Automobilindustrie. Ein Slogan wie »Opel Kadett – kurz gesagt O.K.« fällt wohl heute keinem Werbestrategen mehr ein. Inzwischen wurde Grand-Prix-Siegerin Lena Meyer-Landrut für kurze Zeit zur Werbe-Ikone des Rüsselsheimer Autobauers. Wenn das mal nicht sexy ist!

PRENZLBERG – AUF DER CASTINGALLEE IN PREGNANCY HILL

Hier wohnen die Künstler, die Kreativen, hier geht man in autonome Szeneklubs: Der Prenzlberg – wie Insider ihren Ostberliner Kiez nennen – ist das neue Kreuzberg. Absolut Underground, completely alternative.

Klingt cool. Stimmt aber alles schon lange nicht mehr. Nach der Wende war der Prenzlauer Berg eine Weile das, was sich heute noch jene vorstellen, die um dieses zaunlose Getto der Bürgerlichkeit einen großen Bogen machen und »Helmi« und »Kolle« für Figuren aus der Sesamstraße halten und nicht für Helmholtz- und Kollwitzplatz. Heute ist das Prenzlauer Gebirge ein etabliertes Wohnviertel für gut verdienende Jungfamilien, die ihren Nachwuchs auf Stoppersocken zum Kinder-Yoga schicken. Über hundertfünfzigtausend Menschen, also so viele wie allein in Potsdam, leben im Prenzlauer Berg. Jawohl, man lebt nicht »in« oder gar »auf«, sondern »im« Prenzlauer Berg. Allein rund um den Helmholtzplatz drängen sich fünfundzwanzigtausend Einwohner auf einen Quadratkilometer. Die Hälfte der Prenzlberger ist im gebärfähigen Alter – doppelt so viele wie im Rest der Republik – und macht von dieser Fähigkeit auch regen Gebrauch. Drei von vier Einwohnern sind Akademiker, der vierte wird von der »Generation Buggy« im Kinderwagen von Spielplatz zu Spielplatz geschoben oder in eine Kita gebracht, die in einer ehemaligen Schwulenkneipe aufgemacht hat – gleich neben der Hebammenpraxis, die einen Pornoladen verdrängt hat. Prenzlauer Berg ist Pregnancy Hill.

Die Coolen haben längst Reißaus genommen. Die legendäre Kastanienallee ist zu einer Bummelpromenade und einer Castingallee geworden. Der Szeneklub White Trash an der Schönhauser Allee suchte ein neues Quartier in Friedrichshain – mit der Begründung, der Prenzlauer Berg sei zu spießig geworden. Nachbarn hätten sich über die laute Musik beschwert, und die Miete sei unbezahlbar geworden. Die Toleranzgrenze gegenüber nächtlicher Ruhestörung verläuft auf der Höhe von Altbau-Dachgeschosswohnungen umgekehrt proportional zu den Mietpreisen. Tatsächlich zahlt man zum Beispiel an der Kollwitzstraße bis zu zwölf Euro pro Quadratmeter »nettokalt« im Altbau. Für einen Neubau werden gar 16,50 Euro berappt – das Dreifache der Mietpreise in Marzahn oder Spandau. Mit dieser Wilmersdorfisierung der Wohnungspreise wird die Zuwanderung gezielt gesteuert. Wer sich ein gutbürgerliches Leben des modernen Spießers nicht leisten kann, muss leider draußen bleiben. Wer es sich nicht leisten will, weil er zu cool dafür ist oder eine Pampers- und Pastinaken-Allergie hat, bleibt freiwillig draußen. Der Schriftsteller Maxim Biller, sicher auch einer der Coolen in der Literaturszene, nennt den Prenzlauer Berg abfällig »national befreite Zone«. Ein Reiseführer drückt es anders aus: »Miesmacher werfen Prenzlauer Berg vor, gentrifiziert und spießig geworden zu sein.« Das Prädikat »einfach hübsch« wird hinterhergeschickt. Auch der Baedeker stellt nüchtern fest: »Die autonom-alternativen Zeiten von ›Prenzl. Berg‹ neigen sich auch schon wieder dem Ende zu.« Netter formuliert könnte man sagen: Hier genießt der moderne Apfelschorle-Biedermeier Milieuschutz. Die Wahrheit ist: Kreuzberger Nächte sind lang, im Prenzlauer Berg sind die Nächte meist kurz – junge Eltern werden das bestätigen; und lang ist meist die Schlange bei Konnopke's Imbiß an der Schönhauser Allee, wo es seit über achtzig Jahren bekanntlich die beste Currywurst der Welt gibt: Die ist schärfer als jedes Thaicurry und stellt alle Running Sushis in den Schatten. Und hartnäckig hält sich das Gerücht, dass an einer Kneipe im Prenzlauer Berg immer noch das Schild an der Tür hängt: »Kein Milchkaffee.« Ich antworte: »Hier trink ich Filterkaffee, hier darf ich sein.«

RECHTSCHREIBER SIND KEINE NAZIS

Freiheit ist bekanntlich auch immer die Freiheit des Andersdenkenden. Die Gedanken sind frei – aber sie sind keiner Orthografie unterworfen, weshalb Freiheit und Anarchie nicht für den schriftlichen Kommunikationsprozess gelten. Auch Kommaregeln haben ihren Sinn, weil sie für Klarheit sorgen und sogar Leben und Beziehungen retten können, wie die Sätze »Komm, essen wir(,) Opa« und »Was(,) willst du schon wieder?« beweisen. Missverständnisse aufgrund falscher Schreibweise etwa bei ss/ß treten bekanntlich – und nicht nur – in Mass(ß)en auf. Wer einem anderes weismachen will, der macht nichts weiß, wenn er nicht die Wände streichen möchte. Es hat sich leider selbst in den gebildetsten Kreisen noch nicht herumgesprochen, dass das Wort »kein« in »keinster« Weise steigerbar ist und »hältst« nicht von Hals, sondern von Halten kommt. Den Deppen-Apostroph wollen wir nicht bei »Susi's Textilservice« sehen, wo man »steht's zu Diensten« ist und die Wäsche »morgen's gebracht und abend's« gemacht ist. Aber auch öffentliche Schreibweisen wie »Nudel'n« oder »Hand'y« sind schon gesehen und fotografiert worden, ohne dass der Verursacher der Körperverletzung bezichtigt werden konnte. Nur in Ausnahmefällen wie beim bereits erwähnten »Konnopke's Imbiß« kann aus Gründen der Tradition ein Auge zugedrückt werden.

Doch wer im Alltag auf die Einhaltung der Regeln pocht – und es gar wagt, andere gutmütig auf Verstöße hinzuweisen –, wird im besten Fall als Spießer, schlimmstenfalls als Rechtschreibnazi beschimpft. Beim Spieleabend wird man schnell zum Spielverderber, wenn man sich den Hinweis nicht verkneifen kann, dass der Schriftzug »Mensch ärgere Dich nicht« auf dem Originalspiel drei Fehler enthält. Doch Nazis sind Menschenverächter, während Rechtschreiber Menschenfreunde sind, weil sie ihren Lesern gegenüber Respekt ausdrücken, indem sie sich Mühe mit ihren Worten geben, so wie man im zwischenmenschlichen Umgang auch selbstverständlich »bitte« und »danke« sagt. Außerdem nehmen sie sich Zeit, die freundlichen/lieben oder einfach nur vielen Grüße auszuschreiben, anstatt dem Empfänger ein seelenloses »mfG«, »LG«, »VG« oder ähnliches Kurzangebundenes hinzuschmieren.

und auch wenn das betätigen der umschalttaste im zehn-finger-system den kleinen finger stark beansprucht, macht die großschreibung einen text lesefreundlich und lässt ihn nicht aussehen wie ein bekennerschreiben der rote armee fraktion.

Wie sonst will man den Unterschied deutlich machen zwischen »Der Gefangene floh« und »Der gefangene Floh«? Auch die Sätze »Er hat Liebe Genossen« oder »Helft den armen Vögeln« entwickeln durch Groß- und Kleinschreibung eine gewisse Varianz in der Bedeutung.

Selbst wenn das dicke gelbe Buch seit der Rechtschreibreform nicht mehr offiziell »maßgeblich in allen Zweifelsfällen« ist und das Bundesverfassungsgericht höchstrichterlich entschieden hat, dass im Privatleben jeder schreiben darf, wie er lustig ist, so bleibt der Duden mit seinen rund hundertfünfunddreißigtausend Stichwörtern doch immer noch die höchste Instanz für alle, die es nicht anficht, von einem unwissenden Banausen als »Spiesser« beschimpft zu werden.

Zugegeben hatten in der Schule diejenigen mit den meisten Fehlern im Diktat gewöhnlich die schärfsten Mädchen an ihrer Seite, die ihre schlechten Noten auch noch besonders cool fanden. Doch mal ehrlich: Wer möchte schon mit einer Frau dauerhaft zusammen sein, die sagt: »Da werden Sie geholfen« oder »besser als wie man denkt«? Selbst Dieter Bohlen hatte bereits nach vier Wochen Ehe genug von Verona Feldbusch und ging juristisch gegen ihre Behauptung vor: »Hier wurde mir verprügelt.« Danach hat sich der Poptitan bekanntlich nur noch mit hochbegabten Intelligenzbestien liiert – wenn sie nicht in »Gaby's Frisierstube« gelandet sind.

GELOB MIR TREUE, HERZ!

Wer von Herz und Treue spricht, dessen Liebe hat bereits eine Tiefe erreicht, die sich kaum noch in Worte fassen lässt. Wer Treue schwört und sein Herz verschenkt, ist frei von Misstrauen, Argwohn und anderen bösen Hintergedanken, die normalerweise das Verhältnis zwischen Käufer und Verkäufer beherrschen. Das jedenfalls ist die Botschaft, welche die freundliche Kassiererin im Edel-Supermarkt vermittelt, wenn sie einen – im Vergleich zum Discounter nebenan – völlig überteuerten Betrag kassiert, der selbst einem Apotheker die Schamesröte ins Gesicht steigen ließe. Trotzdem sagt man ergeben: »Ja, natürlich.« Und bekommt je nach Höhe der Rechnung mehrere kleine Glitzeraufkleber mit rotem Herz. Die verschwinden zwar meist im Portemonnaie zwischen Kreditkarte und Organspendeausweis und werden vermutlich niemals auf die Treueherz-Kundenkarte geklebt. Aber darum geht es ja auch nicht: Denn schließlich braucht kein Mensch die vermeintlich verbilligten Raclette-Grills, Kochlöffel oder Bettwäschegarnituren, für die man immer noch mehr zuzahlen muss, als der Plunder nebenan im Sonderangebot kostet. Und außerdem müsste man innerhalb des Gültigkeitszeitraums der Herzensammelaktion im gleichen Laden so viel Lebensmittel kaufen, dass man damit seinen Kegelklub mitversorgen könnte. Aber damit würde man zum Großhändler, und der Sinn des Treuebeweises in der Paarbeziehung Supermarkt/Kunde wäre dahin.

Ähnlich verhält es sich mit Stempelkarten bei der ambulanten Kaffee-Ausschenkstelle – »to go« –, in der Eisdiele um die Ecke oder im Schnellrestaurant, wo es heißt: »Der zehnte Burger ist gratis.« Hier funktioniert der Treuebeweis und kann in überschaubarer Zeit in einen Akt der Dankbarkeit des Dienstleisters münden.

Kein Vergleich jedoch besteht zu der Datensammelwut der Einzelhandelsmafia, die versucht, an der Kaufhauskasse so lange mit penetranten Nachfragen »Sammeln Sie Payback-Punkte?« (oder wie man in meiner neuen fränkischen Heimat sagt: »Bäibäggbungde«) den Kunden mürbe zu machen, bis er genervt die Waffen streckt und die Kundenkarte bestellt – um ab sofort bei jedem Schritt auf den Fußgängerzonen dieser Republik erfasst und ausgewertet zu werden. Vermutlich werden die Karten mit den silberglänzenden Logos bald so präpariert, dass der zahlungskräftige und -willige Besitzer per Satellit beobachtet und irgendwann auch in das zu seinem Kundenprofil passende Geschäft gelenkt werden kann.

Treueherzen sammel ich gerne – und klebe sie an die Kühlschranktür direkt neben die Pril-Blumen aus den Siebzigerjahren. Doch bei der Payback-Karte sage ich: »Nein danke!«, und mache mir bewusst, was Payback eigentlich auf gut Deutsch bedeutet: »Dir zahl ich's heim!«

LEBEN IN LAUBEN – VON DER FREUDE, EIN KLEINGÄRTNER ZU SEIN

Neben Schäferhund, Schrankwand und Hirschgeweih gilt der Schrebergärtner – auch Laubenpieper genannt – als das Symbol der deutschen Spießigkeit schlechthin. Als ich selbst des Lesens und Schreibens noch nicht mächtig war, bin ich jahrelang dem phonetischen Trugschluss aufgesessen, beim Schrebergarten handele es sich um einen »Strebergarten«. Ein Missverständnis, das durch das Verhalten der mir bekannten Kleingärtner damals durchaus untermauert wurde: Wer hat die schönste Laube, wer die akkurateste Rasenkante und wer den ökologisch wertvollsten Komposthaufen? Dass das Zusammenleben der Schrebergärtner und die Verteilung und Pflege ihrer Parzellen nicht nur durch eine Vereinssatzung, sondern sogar durch das Bundeskleingartengesetz, BKleingG, so exakt geregelt ist, wie die Grenze zwischen Zier- und Nutzpflanzen verläuft, verleitet böse Zungen zu der Aussage, der Kleingärtner sei auch immer ein Kleinbürger. Doch weit gefehlt!

Schrebergärtner von heute sind die wahren Ökologen, die in den Betonwüsten der Großstädte kleine grüne Oasen schaffen. Studien haben bewiesen, dass Schrebergärtner gesünder und glücklicher leben als ihre gartenlosen Mitbürger. Und wer im eigenen Paradies mit Laube Biogemüse anpflanzt und seinen Küchenmüll recycelt, kommt gar nicht erst auf den Gedanken, mit seinem Nachbarn hinter dem Maschendrahtzaun Streit anzufangen.

Die Kleingärtnerei ist nicht nur eine deutsche Erfindung, deren Namensgeber der Leipziger Arzt und Hochschullehrer Moritz Schreber war: Er warb im 19. Jahrhundert für »Armen- und Specialgärten«, in denen die Stadtjugend durch Arbeit im Grünen Ertüchtigung erfahren sollte. – Ansonsten fiel der etwas merkwürdige Herr Schreber mehr mit abstrusen Erfindungen von mechanischen Vorrichtungen zur Verhinderung der Masturbation oder von »Geradhaltern« für korrektes Sitzen auf. Schreber gilt sogar als Vertreter der sogenannten »Schwarzen Pädagogik«, was nun wirklich nichts mit dem idyllischen Kleingärtnern zu tun hat. – Nirgendwo in Europa gibt es heute mehr organisierte Kleingärtner als bei uns. Einer Million deutschen Laubenpiepern folgen immerhin noch achthundertfünfzigtausend in Polen, während in Norwegen nur etwa zweitausend gezählt werden. Das Zentrum der deutschen Kleingärtner liegt in der hippen Hauptstadt Berlin mit fast siebzigtausend Parzellen, die höchste Laubendichte mit etwas mehr als sechs Schrebergärten pro hundert Einwohner verzeichnet die Statistik in Leipzig. Und selbst in München oder Köln, wo Normalverdiener fast keine bezahlbare Mietwohnung mehr finden, werden immerhin noch achttausend Kleingärtner gezählt, die für einen Cent-Betrag pro Quadratmeter ein Gartenstück pachten. Als Gegenleistung verpflichten sie sich zu gemeinnütziger Arbeit in der Anlage und dass ein Drittel des Gartens für den Obst- und Gemüseanbau genutzt wird.

Zwar liegt das Durchschnittsalter der deutschen Kleingärtner bei rund sechzig Jahren, was aber gewiss daran liegt, dass man seinen Garten gewöhnlich bis ins höchste Alter behält. Heute gibt man aus Altersgründen öfter das Papstamt auf als einen Kleingarten. Zugleich steigt die Zahl der jungen Familien, die sich sogar auf Wartelisten setzen lassen, um in den Genuss eines Schrebergartens zu kommen. Was die Schrebergärtner für die Gesellschaft leisten, hat das Office International du Coin de Terre et des Jardins Familiaux, eine seit 1926 bestehende Vereinigung von über drei Millionen europäischer Kleingärtner, schriftlich festgehalten: Sie bieten Arbeitslosen das Gefühl, gebraucht zu werden und noch dazuzugehören, und helfen dabei, Müßiggang zu vermeiden. Sie bieten Senioren individuelle Selbstverwirklichung im dritten Lebensabschnitt und tragen zur Zusammenführung der Generationen bei. Und Immigranten bieten die Kleingärten die Möglichkeit, Kontakte zu knüpfen und sich besser in ihrer neuen Heimat zu integrieren.

Dass nicht alle Kleingartenvereine diese Ideale kennen und leben, bewies der schleswig-holsteinische Kleingartenverein Harksheide Kringelkrugweg, der traurige Berühmtheit damit erlangte, für seine Anlage eine Ausländer-Höchstquote zu beschließen. Dies ist abzuhaken unter der Kategorie schwarzer Schafe, die wohl überall anzutreffen sind.

Der brave und tolerante deutsche Schrebergärtner hingegen dient heute weltweit als Vorbild: Seit 2003 gibt es auf den Philippinen Kleingartenanlagen für städtische Arme. Und in manchen afrikanischen Städten werden Kleingartenanlagen als Strategie der Ernährungssicherung diskutiert und ausprobiert. Dass Kleingärtnerei nichts mit Kleinbürgertum zu tun haben muss, bewies bereits die Bundesgartenschau 2005 in München, auf der eine Laube mit Feng-Shui-Wasserbrunnen unter dem Motto »Der Kleingarten steht für Wellness und Fitness« präsentiert wurde.

Die Altachtundsechziger wollten einst die Welt verändern und Frieden schaffen ohne Waffen. Heute geben sie sich damit zufrieden, im Schrebergarten Biogemüse – und hinter der Laube heimlich Hanf – anzupflanzen, und tun damit vielleicht mehr für die Natur als je zuvor.

DER GARTENZWERG ALS GASTARBEITER
UND MULTIKULTI-BOTSCHAFTER

Ähnlich wie mit dem Laubenpieper verhält es sich mit dem Gartenzwerg. Fast jeder Beitrag, der sich mit dem vermeintlich typisch deutschen Spießertum beschäftigt, nennt den Gartenzwerg als Musterbeispiel für die Borniertheit eines ganzen Volkes. Zwar gehört der Gartenzwerg zweifellos zur deutschen Hochkultur, was zum Beispiel seine Erwähnung in Goethes Versepos *Hermann und Dorothea* beweist. Doch wer denkt, der historische Vorfahre des Nanus Hortorum Vulgaris sei deutscher Nationalität, der irrt. Es gibt Gelehrte, die aufgrund der weihnachtsmannähnlichen Zipfelmütze und des Vollbarts Bezüge zum heiligen Bischof Nikolaus herleiten, und der stammt bekanntlich aus dem türkischen Myra. Auch die typische Form der Zipfelmütze, ohne die ein Zwerg einfach nur ein kleines Männchen wäre, erinnert an die Kopfbedeckung der alten Phrygier, die in Zentral-Kleinasien lebten, also in der heutigen Türkei. Ihre Mütze war der Form des Hodensacks eines Stiers nachempfunden, Phrygier-Mützen werden heute vor allem von Schlümpfen und Mainzelmännchen getragen.

Der Kieler Soziologe Hans Werner Prahl befasste sich

viele Jahre lang mit der Gartenzwergforschung und fand heraus, dass in der heutigen Osttürkei im 13. Jahrhundert Pygmäen aus Schwarzafrika als Sklaven im Bergbau arbeiteten. Die ausgestopften Zipfelmützen trugen sie als Schutzhelm, und ihre angeblichen übernatürlichen Kräfte verunsicherten die Grubenbesitzer, weshalb sie von ihnen Nachbildungen aus Stein anfertigten, um ihre magischen Kräfte zu bannen. Im 14. Jahrhundert sollen Kaufleute die Steinfiguren nach Italien gebracht haben, 1420 tauchten erste meterhohe Figuren beim deutschen Adel auf. Dass die Bergbautrupps oft aus sechs bis acht kleinen Männern bestanden, die sich möglicherweise irgendwann auf den Weg nach Europa machten, als die Bodenschätze ausgeschöpft waren, ist eine Erklärung für die Entstehung des Märchens von Schneewittchen und den sieben Zwergen.

Es ist also festzuhalten: Vielleicht waren die sieben Zwerge die ersten türkischen Gastarbeiter auf deutschem Boden. Und viele hundert Jahre vor der Entdeckung des Döners und der türkischen Riviera als beliebte Urlaubsregion der Deutschen war der Gartenzwerg ein Botschafter der Völkerverständigung. Wenn er heute im Vorgarten steht, ist er ein Multikulti-Mahner für Toleranz und Weltoffenheit.

War also der Vater aller Gartenzwerge ein Moslem und die Zipfelmütze ein verkapptes Kopftuch? Fest steht, dass die industrielle Massenproduktion des Gartenzwergs tatsächlich in Deutschland begann, genauer in Thüringen. Dort formte Philipp Griebel 1872 – übrigens elf Jahre nach dem Tod von Moritz Schreber – die ersten Gartenzwerge aus Ton, die bald darauf in Grä-

fenroda in Serie gingen. Die erste urkundliche Erwähnung des Gartenzwergs in der heutigen Form ist in
einem bebilderten Artikel der Zeitung der »Thüringer-
Thonfiguren-Industrie« von 1893 zu finden. Der kleine
Ort Gräfenroda wurde bald zum Zentrum der Garten-
zwergindustrie, ein halbes Dutzend Firmen produzierte
dort bis zur Wende kleine Ton-Wichtel, die Firma Griebel besteht heute noch in vierter Generation und betreibt
seit 1997 an dem traditionsreichen Ort ein Gartenzwerg-
Museum.

Das vorläufige Aus des Gartenzwergs, zumindest in
der DDR, bedeutete 1948 ein Verbot der Zwergenpro-
duktion, das jedoch nur vier Jahre lang Bestand hatte,
sodass der Gartenzwerg heute auch als früher Wider-
standskämpfer gegen das kommunistische Regime gesehen werden kann. In den Fünfziger- und Sechziger-
jahren begann der Siegeszug der Gartenzwerge. Von
den weltweit rund vierzig Millionen Stück soll jeder
zweite in Deutschland stehen. Hier werden anderthalb
Millionen pro Jahr produziert, auch wenn die Flut der
Billigprodukte aus Osteuropa und China den Qualitäts-
herstellern Sorgen bereitet. Bedroht ist der klassische
Gartenzwerg heute aber vor allem durch Kommerz und
Verunglimpfung in Form von völlig respekt- und pie-
tätloser Darstellung. Zu kaufen ist der Gartenzwerg inzwischen mit Stinkefinger, heruntergelassener Hose, auf
dem Klo, kopulierend in Sadomaso-Outfit, am Galgen
baumelnd oder – der Gipfel der Geschmacklosigkeit –
als Mordopfer mit einem Beil im Kopf oder einem –
herausnehmbaren – Messer im Rücken. Folgerichtig entstand 1980 in Basel die Internationale Vereinigung zum

Schutz der Gartenzwerge, deren Gründer Fritz Friedmann sich »Professor der Nanologie« nennt und von
dem nur Fotos mit Zipfelmütze existieren. Für Professor Friedmann ist es allerdings der größte Frevel, dass
immer häufiger auch weibliche Gartenzwerge dargestellt werden.

Ende der Neunzigerjahre entstand in Frankreich die
»Front zur Befreiung der Gartenzwerge«, deren Aktivis-
ten die Gnome und Wichtel aus Vorgärten befreiten und
in Wäldern aussetzten, um sie dem natürlichen Lebens-
raum zuzuführen. Darüber, ob es sich bei dieser Gruppe
um Freiheitskämpfer oder Terroristen handelte, wird
wohl die Geschichte entscheiden müssen.

Sicher ist jedenfalls, dass der Gartenzwerg völlig zu
Unrecht als das Symbol für Kitsch, Geschmacklosigkeit
und Spießbürgertum gilt. So hat auch das Expertenpor-
tal Gartenwelt.de festgestellt: »Die neue Generation der
Gartenzwerge ist alles andere als spießig. Die Wichtel
von heute sind modern, cool, provozieren gerne und
sind schon lange nicht mehr nur in Gärten zu finden.«

LAUBBLÄSER – MIT DEM TURBO-PUSTER GEGEN DEN BLÄTTERWALD

Auch wenn der Begriff Spießer auf mit Spießen bewaffnete Fußsoldaten zurückgeht: Ich bin ein friedliebender Mensch und verabscheue Waffen jenseits der Kriminalliteratur. Ich habe den Dienst an der Waffe aus Gewissensgründen verweigert, um dem Vaterland stattdessen ohne Uniform drei zusätzliche Monate meines Lebens zu schenken. Schon als Kind war ich im Karneval lieber der Indianer mit Friedenspfeife als der Cowboy mit Trommelrevolver. Faszination für Pistolen und Gewehre ist mir fremd. Und meinen Sohn muss ich immer wieder ermahnen, dass Konflikte ohne Laserschwert zu bewältigen sind.

Aber wenn der Sommer zu Ende ist, die ersten Blätter von den Bäumen fallen und im Supermarkt bereits der erste Lebkuchen verkauft wird, dann werde ich zum Sheriff des Bürgersteigs und zum Green Beret im eigenen Vorgarten. Wenn der erste Laub-Überfall verübt wurde, hole ich aus der Garage meine Waffe im Kampf gegen das organisierte Entblättern.

Und als Hobby-Laubwächter bin ich nicht allein. Zahllose professionelle Gartenamtssöldner in orangefarbenen Gewändern sind jeden Morgen unterwegs, sorgen für geräumte Gehwege und wiedererkennbare Bordsteinkanten und stellen sicher, dass am Straßenrand abgestellte Autos von ihren Besitzern wiedergefunden werden. Und nicht zu unterschätzen ist die Rutschgefahr durch nasses Laub, das einen Hausbesitzer oder Mieter teuer zu stehen kommt, wenn sich dadurch jemand die Haxn bricht. Und tatsächlich kennt das deutsche Rechtssystem sogar eine Laubrente, die laut BGB § 906 dann fällig wird, wenn ein Nachbargrundstück in nicht zumutbarer Weise durch Laubbefall beeinträchtigt wird. – Die Höhe der Laubrente richtet sich nach dem Betrag, der durch den erhöhten Laubbeseitigungsaufwand entsteht.

Allein in Düsseldorf beseitigen vierundvierzig offizielle Laubbläser den Blätter-Abfall von rund siebzigtausend Bäumen – insgesamt zweitausend Tonnen pro Saison. Laubbläser sind ungeliebte Helden des Alltags, die im Ansehen etwa auf der gleichen Stufe rangieren wie ihre uniformierten und unbewaffneten Kollegen von der kommunalen Parkraumüberwachung. Dass die Rückenbläser mit Verbrennungsmotor und dreihundertfünfzig Stundenkilometer starkem Turbo-Puster sich nicht nur Freunde machen, sondern auch der akustischen Umweltverschmutzung bezichtigt werden, liegt auf der Hand. Natürlich wäre die Laubbeseitigung mit Rechen und Besen ohrenfreundlicher, aber ein professioneller Laubbläser ist so effektiv wie zehn Besenkehrer. Und welches Rosenbeet lässt sich schon mit einer Harke von Laub befreien, ohne dass die Blumen Schaden nehmen? Wenn eine Kommune das Geld hätte, das zehnfache Personal zu beschäftigen, dann sähe ich diese zusätzlichen Mitarbeiter jedenfalls lieber in Kindergärten, Krankenhäusern oder in der Telefonvermittlung des Einwohnermeldeamts. Außerdem halten sich die Laubbläser penibel an die Lärmschutzverordnung, wonach sie nur von 9 bis 13 und von 15 bis 17 Uhr im Einsatz sein dürfen. Für einen Rasenmäher gilt hingegen je nach Kommune von 7 bis 20 Uhr freie Fahrt für freie Gärtner.

Und warum muss man sich vom Getöse der Laubbläser belästigt fühlen? Auch die Müllabfuhr und die Kehrmaschine kommen morgens um sieben nicht geräuschlos daher, wenn sie meinen Unrat beseitigen. Der beruhigende Ton des Laubbläsers gehört für mich zum Herbst wie das Zwitschern der Vögel zum Frühling.

Zweifellos: Es muss nicht sein, dass der Laubbläser durch stinkende Abgase und Presslufthammersound zur Höllenmaschine wird. Der technische Fortschritt macht zum Glück auch vor diesen praktischen Geräten nicht halt: Der Hersteller Honda – genau, der mit den Motorrädern – teilt mit, dass die modernen Modelle eine hörbare Geräuschreduzierung aufweisen. Und der Mitbewerber Stihl empfiehlt ein neues »geräuschoptimiertes Blasgerät«, das um neunundfünfzig Prozent leiser sei als das Vorgängermodell. Der Trend geht zudem zum akkubetriebenen Elektromotor, der das Laubblasen irgendwann nicht störender machen wird als das Surren einer elektrischen Zahnbürste. Und so lange betreibe ich mein Spielzeug halt mit Öko-Sprit. Der Laubbläser bleibt nun mal das Laserschwert des kleinen Mannes.

TCM STATT TUI – SHOPPEN BEI TCHIBO

Was hat es zu bedeuten, wenn plötzlich ein Dutzend Kinder auf dem Schulhof die gleiche Regenjacke tragen? Dann gibt es bei Tchibo die neue Themenwelt »Kinderkleidung«. Denn Tchibo stattet die ganze Familie aus: mit Bademänteln, Manschettenknöpfen, Heizdecken, Lesebrillen, Skiunterwäsche sowie Gold- und Silberschmuck. Für die Küche bestelle ich eine Bratpfanne, einen Schnellkochtopf, einen Gourmetbrenner oder eine Dauerbackmatte aus Silikon für 9,95 Euro. Ich lasse mir ein Maßhemd auf den Leib schneidern, beziehe Ökostrom und Gas bei Tchibo; das Notebook, auf dem dieses Buch entstanden ist, wurde ebenso bei Tchibo bestellt wie der Bürostuhl, auf dem ich sitze, und die Zwei-Personen-Sauna im Keller, in der meine Ideen entstehen. Und natürlich tchibofoniere ich.

1949 legten die Hamburger Kaufleute Max Herz und Carl Tchilling den Grundstein für den heutigen Megashop, indem sie begannen, Röstkaffee per Post zu verschicken. Eine Revolution! Der Firmenname setzte sich übrigens zusammen aus Tchilling und Bohne. »Tchibo« wurde zunächst ein drolliger Kobold genannt, der als Maskottchen und Werbefigur auftrat.

Tchibo zählt inzwischen zu den Top fünf der Online-Versender in Deutschland – und trotzdem gehört der Firmenname zu den am häufigsten falsch geschriebenen Begriffen im Internet: Wer »Tschibo« bei Google eingibt, wird direkt zu www.tchibo.de weitergeleitet. Rein statistisch trägt jede Frau hierzulande einen Tchibo-BH, und in jedem zweiten Haushalt müsste ein Tchibo-Spargeltopf stehen. Im Jahr 2007 haben bereits zweihundertfünfundzwanzigtausend Urlauber ihre Reise beim Kaffeeröster gebucht, der inzwischen auch Handyverträge, Handwerkerdienstleistungen und Versicherungen anbietet. 2003 konnte man erstmals einen Tchibo-Fiat kaufen. Es gibt nichts, was es nicht bei Tchibo gibt, und Millionen Kunden können nicht irren. Zugegeben: Die Tchibo-Marke »TCM« – die für nichts anderes steht als »Tchibo-Magazin« – hat den Coolness-Faktor von Hilfiger, Boss, Sony und BMW noch nicht erreicht. Doch was den Anspruch an die Produktqualität betrifft, stellt der Hamburger Konzern viele Markenproduzenten in den Schatten. Unter hunderttausend Exemplaren darf kein Fehler sein, sonst wird die Ware vom Hersteller nicht abgenommen. Eigens für Tchibo hergestellte Produkte müssen oft noch einmal überarbeitet werden. Die Folge ist, dass die unkaputtbaren Regenjacken auf dem Pausenhof dort gewöhnlich sehr lange zu sehen sind.

Ach ja, Kaffee gibt's natürlich auch von Tchibo. Es handelt sich immer noch um einen der größten Kaffeeröster der Welt. Täglich fließen in Deutschland achtundzwanzig Millionen Tassen Tchibo-Kaffee durch die durstigen Kehlen.

Um den Eindruck zu vermeiden, es handele sich hier

um gezieltes Product-Placement, wollte ich erwähnen, dass auch der traditionsreiche Eduscho-Kaffee nicht nur für Geschmacksexplosionen auf der Zunge des Filterkaffeegenießers sorgt, sondern dass Eduard Schopf seine Firma schon fünfundzwanzig Jahre vor Tchibo gründete und man bereits in den Siebziger- und Achtzigerjahren in den Eduscho-Filialen sogenannte Non-Food-Ware von Fahrrädern bis Bücher kaufen konnte. Doch erst beim Schreiben dieses Kapitels wurde mir bewusst: Die Eduscho-Läden sind schon lange aus dem Stadtbild verschwunden. Ein Anruf beim Eduscho-Verbrauchertelefon bringt traurige Gewissheit: Das Telefonat landet in der Hamburger Tchibo-Zentrale. 1997 hat Tchibo die bis dahin größte deutsche Kaffeerösterei übernommen und verkauft den »Gala von Eduscho« seitdem als eigene Marke.

Trotz allem bleibt Tchibo die Marke des Filterkaffeetrinkers. Von Lavazza, Segafredo oder Illy habe ich noch keine Strickmützen oder Fieberthermometer gesehen. Und im San-Francisco-Coffeeshop oder bei Starbucks wurden mir noch nie Armbanduhren, Muskatmühlen oder Diabetikersocken angeboten.

DOGGY BAG – NICHT NUR FÜR DEN HUND

Was auf den Tisch kommt, wird gegessen. Und der Teller wird leergegessen. Allein schon wegen der hungernden Kinder in Afrika. Und damit morgen schönes Wetter wird! Das ist zwar ein eher theoretisch-philosophischer Ansatz im Denken des Gutmenschen, aber dennoch nicht ganz von der Hand zu weisen. Solange Menschen irgendwo in der Welt nicht genug zu essen haben, ist es eine Schande, wenn in unserer Überfluss- und Wegwerfgesellschaft Lebensmittel auf dem Müll landen, und zwar zweiundachtzig Kilogramm pro Jahr und Kopf.

Wenn daheim mal der Appetit größer war als der Hunger, ist es ganz normal, die Essensreste in einer Tupperschüssel luftdicht im Kühlschrank zu lagern. Niemand schämt sich dafür, die Reste von gestern in der Mikrowelle aufzuwärmen, wenn der kleine Hunger gestillt werden will.

Doch warum schämt man sich, wenn im Restaurant nach dem üppigen Vier-Gänge-Menü etwas übrig geblieben ist und man den Kellner bittet, die Reste einzupacken? »Doggy Bag« wird etwas verschämt die aus Krankenhausküchen und Fast-Food-Restaurants bekannte Styroporschachtel genannt. So mancher griechische Wirt, für den es Ehrensache ist, auf den Tellern ein Vielfaches der für einen erwachsenen Menschen verträglichen Speisemenge zu portionieren, bietet das Doggy Bag bereits wie selbstverständlich nach dem Ouzo an, nachdem die Gäste vor den Fleischbergen erschöpft kapituliert haben. Und auch in der kroatischen oder chinesischen Küche ist die Extraportion für zu Hause bereits im Preis inbegriffen, egal ob es sich beim Gast um einen Haustierbesitzer handelt oder nicht. – Wie magenverträglich eine Portion Gyros für einen Vierbeiner wirklich wäre, sei hier mal dahingestellt.

Die Speisen, die ich nach langwieriger Entscheidungsprozedur aus der Karte gewählt habe, bezahle ich schließlich. Ob ich sie im Magen nach Hause trage oder in einer Verpackung aus Schaumpolystyrol, für den Hund, die Oma oder den Komposthaufen im Vorgarten, ist ganz allein meine Entscheidung, für die ich weder vor dem Oberkellner noch vor den pikiert dreinblickenden Gästen am Nebentisch Rechenschaft ablegen muss. Wenn ich ein Restaurant aufsuche, gehe ich mit dem Wirt einen Dienstleistungsvertrag ein. Er kocht und tischt auf, ich esse und genieße die Atmosphäre. Und wenn mir danach ist, kann ich mir, egal was ich bestelle, zum Essen auch Ketchup, Senf oder Maggi bringen lassen. Schließlich geht es allein um meinen Geschmack. Der Kunde ist König.

Auf das Einpacken übrig gelassener Speisen hat der Gast sogar einen rechtlichen Anspruch, für den er allerdings auch zur Kasse gebeten werden könnte, um die Verpackungskosten zu begleichen. Und die Bitte des Gastes »Können Sie mir das einpacken?« sollte jeder

Gastronom als Kompliment an den Koch verstehen, das erst gar nicht den Verdacht aufkommen lässt, es könnte nicht gemundet haben.

Im Gourmet-Restaurant übrigens stellt sich die Doggy-Bag-Frage in der Regel nicht. Das hat nichts damit zu tun, dass es sich in der gehobenen Küche nicht geziemen würde, Reste einpacken zu lassen. Allerdings habe ich bisher noch nie erlebt, dass ich von den in der Sterneküche üblichen Portionen völlig satt geworden wäre. Geschweige denn, dass etwas übrig bliebe.

D-MARK UND TEURO –
DIE ZOMBIE-WÄHRUNG IM KOPF

Natürlich haben wir uns alle längst an den Euro gewöhnt. Und bei Drucklegung dieses Buchs stand die
Rückkehr zur D-Mark nicht ernsthaft zur Debatte. Doch
in meinem Kopf gibt es die D-Mark immer noch, und am
meisten spürbar wird ihre Präsenz beim Schnellimbiss
und in der Eisdiele. Dreißig Pfennig hat weiland meine
erste Vanille-Eiskugel gekostet. Jetzt verlangen die Nachkommen desselben Italieners mafiöse neunzig Cent, oft
muss für eine Kugel gar schon ein Euro über den Tresen geschoben werden. – Die Vier-Euro-also-acht-Mark-
Eiskugel, die ein Mitglied des organisierten Verbrechens
vor dem Kolosseum in Rom den Touristen anbietet, sei
hier als verdeckte Schutzgelderpressung verbucht. – Es
handelt sich also um eine sagenhafte Preissteigerung,
die ihresgleichen nur findet, wenn man eine Pommes
mit Mayo bestellt: Was früher 1,20 Mark gekostet hat,
schlägt heute mit 2,50 Euro und mehr zu Buche. Bei anderen Produkten des täglichen Bedarfs ist es bei einer
1:1-Umrechnung von D-Mark in Euro, also »nur« einer
Verdoppelung des Preises geblieben. Ein Milky Way kostete früher dreißig Pfennig, jetzt dreißig Cent. Im Res-

taurant hat man oft den Eindruck, als wäre einfach das »DM« durch das Eurozeichen ersetzt worden. Nicht nur bei großen Anschaffungen frage ich mich: Will ich für einen Fernseher wirklich fünftausend Mark ausgeben? Oder achtzig Mark für ein Videospiel? Ist mir ein Taschenbuch zwanzig Mark wert und eine Pizza achtzehn Mark? Es ist historisch erwiesen und dokumentiert, dass ein Wiener Schnitzel am 31. Dezember 2001 elf Mark gekostet hat und wenige Tage später für 7,50 Euro angeboten wurde. Blumenkohl kostete Anfang Januar 2002 unmittelbar nach der Einführung sagenhafte drei Euro, also sechs Mark – auch wenn dies später mit der ungewöhnlich kalten Witterung in Südeuropa erklärt wurde.

Auch wenn Volkswirtschaftler glaubhaft versichern, dass seit der Währungsreform die Inflationsrate mit unter zwei Prozent im Durchschnitt ungewöhnlich niedrig war, im subjektiven Bewusstsein bleibt es dabei, dass der Euro ein Teuro ist. Dass ich im Kopf immer noch regelmäßig von Euro in D-Mark umrechne, ist aber auch ein Zeichen von Nostalgie. Denn mal ehrlich: Hübsch sind die neuen Banknoten wirklich nicht, sondern das Ergebnis europäischer Gleichmacherei: Auf den Scheinen sind Fantasie-Gebäude abgebildet, die verschiedene Baustile symbolisieren, von der Klassik auf dem Fünf-Euro-Schein bis zur Moderne auf dem, zugegebenermaßen selten verwendeten, Fünfhunderter. Der Zehn-Euro-Schein repräsentiert die Romantik, der Zwanziger die Gotik. Doch wo sind die mehr oder weniger ernst blickenden Männer und Frauen geblieben, die unsere D-Mark-Scheine geschmückt haben? Jeder Schein war ein kleines komponiertes Kunstwerk, eine ganz spezielle Note sozusagen: Auf dem Zehner sahen wir den Mathematiker und Physiker Carl Friedrich Gauß, daneben historische Gebäude aus Göttingen, wo er gewirkt hat, sowie eine Darstellung der berühmten Gaußschen Kurve als Erinnerung an dunkle Stunden im Mathematikunterricht. Und auf der Rückseite fanden wir ein von Gauß entwickeltes Gerät sowie einen Ausschnitt eines Dreiecksnetzes, mit dem Gauß das Königreich Hannover vermessen hat. Und als wäre das noch nicht genug, bestand der Hintergrund aus winzig kleinen mathematischen Symbolen, die fast nur unter dem Mikroskop erkennbar waren. Auch die anderen Scheine erzählten bildhaft die Lebensgeschichte großer deutscher Persönlichkeiten: Annette von Droste-Hülshoff mit der »Judenbuche« auf dem »Zwanni«. Der Würzburger Rokoko-Architekt Balthasar Neumann mit seinen fränkischen Prachtbauten auf dem »Fuffi«. Die Pianistin und Komponistin Clara Schumann auf dem »Hunni« mit Noten und Notenschlüsseln als Hintergrund sowie einer schwingenden Stimmgabel. Den Mediziner Paul Ehrlich mit seinem Mikroskop und einem Molekülmodell eines von ihm entwickelten Syphilis-Medikaments auf dem Zweihunderter-Schein. Den Fünfhunderter zierte die Naturforscherin Maria Sibylla Merian, die eigentlich für den weiter verbreiteten Hunderter vorgesehen war, aber als nicht hübsch genug galt. Der Tausender war groß genug, um zwei Köpfe abzubilden: die Brüder Grimm mit einem aufgeschlagenen Wörterbuch und einem Bild aus dem Märchen *Sterntaler* auf der Rückseite. Der Fünfmarkschein, den es ursprünglich gar nicht mehr geben sollte, wurde mit der Darstellung des Brandenburger Tors zur Note der deutschen Einheit.

Bis zum grafischen Relaunch der deutschen Banknoten Anfang der Neunzigerjahre war das Design zwar
weniger fantasievoll, aber dennoch einprägsam: Das
Segelschulschiff *Gorch Fock* kannte man lange vor den
Bundeswehrskandalen vor allem vom Zehnmarkschein,
das Porträt des schielenden, lockigen »bartlosen jungen
Mannes« auf der Vorderseite ist ebenso unvergessen.
Die größeren Scheine zierten vor allem grimmig drein-
blickende Männer mit auffälligen Hüten, den nicht weniger grimmigen Bundesadler auf dem Hunderter oder
architektonische Meisterwerke, welche die Tugenden
von Ritterlichkeit, Weltoffenheit und Bürgerstolz sym-
bolisierten. Jeder Geldschein erzählte eine eigene Geschichte, und auch die Münzen waren nicht nur me-
tallenes Zahlungsmittel, sondern Reverenzen an große
Politiker von Willy Brandt bis Franz Josef Strauß.

Der Euro ist so stabil wie die D-Mark, mag sein. Aber
die Mark bleibt in unseren Köpfen, und nicht nur das:
dreizehn Milliarden Mark sind noch im Umlauf, vermutlich in den Taschen alter Mäntel, vergessenen Spar-
strümpfen oder unter miefigen Matratzen. Und was das
Schöne ist: Wer will und hat, kann an vielen Stellen immer noch die Rechnung mit der vermeintlichen Zombie-
Währung begleichen. Ein Kurzwarenhändler mit dem
Künstlernamen »Willy Winzig« aus Berlin-Lichtenberg
wirbt um Käufer für Nähgarn, Batterien, Büstenhalter
und Gummibänder mit dem Slogan: »Sie können auch
mit D-Mark bezahlen.« Einige Kaufhäuser bieten regelmäßig D-Mark-Aktionen an. Und was kaum einer weiß:
Auch lange nach der Privatisierung der Bundespost ak-
zeptieren alle fünfzigtausend Münzfernsprecher wider-

standslos D-Mark-Münzen. Wer also ohne Handy unterwegs ist und noch alte Münzen in der Tasche hat, zahlt zwar einen kleinen Wechselkursverlust von rund zwei Cent, weil zwei Mark wie ein Euro gerechnet werden. Dafür bekommt er ein seltenes Retro-Erlebnis geboten. Allerdings muss man sich die Wählscheibe dabei selbst vorstellen. Da sag noch mal einer, D-Mark-Umrechnen sei uncool.

ALLES ZU SEINER ZEIT –
KEIN LEBKUCHEN VOR DEM 1. ADVENT

Es ist KW35, also die fünfunddreißigste Woche im Kalenderjahr, meist Ende August. Die Schüler in süddeutschen Bundesländern sind mitten in den Sommerferien, das Quecksilber kratzt noch an der Dreißiggradmarke, die Freibäder haben Hochkonjunktur, es ist die Saison der Open-Air-Kinos, der Grillfeste, der Eiscafés – und der Lebkuchenindustrie. Das jedenfalls ist die Argumentation des Einzelhandels, der in KW35 damit beginnt, seine Regale mit Dominosteinen, Spekulatius, Schokoweihnachtsmännern und Lebkuchen zu füllen. Der Empörung und dem Kopfschütteln derjenigen, die als »Weihnachtsnostalgiker« verspottet werden, wird entgegnet, dass nur die Nachfrage derer bedient wird, die schon im Sommer nach Weihnachtsgebäck lechzen.

Doch Demoskopen wissen: Laut einer Forsa-Umfrage gibt zwar jeder vierte Deutsche zu, spätestens im Oktober Weihnachtssüßigkeiten zu kaufen. Zugleich aber kritisieren fünf von sechs Befragten, dass es schon im August in den Lebensmittelmärkten weihnachtet, bei den weiblichen Befragten sind dies sogar einundneunzig Prozent. Jeder Sechste sieht sich um seine persönliche

Weihnachtsstimmung gebracht, wenn Lebkuchen & Co. lange vor der Zeit als »Herbstware« verkauft werden.

Der Advent ist die Wartezeit auf Weihnachten, Kinder verkürzen sich das Warten, indem sie täglich ein Türchen im Adventskalender öffnen. Und sie kriegen zu Recht Ärger, wenn sie aus Heißhunger auf Schokolade den Kalender schon am 1. Dezember geplündert haben. Ende November an einem ungeöffneten Adventskalender vorbeizugehen, stärkt den Charakter! In einem Kinderlexikon wird erklärt, dass die Wochen vor Weihnachten »früher« zur Besinnung und Umkehr genutzt wurden. Warum »früher«? Weil Besinnung nicht mehr zeitgemäß ist? Weil immer weniger noch wissen, was Weihnachten eigentlich gefeiert wird?

Es hat nichts mit volkstümelnder Verklärung alter Zeiten zu tun, wenn man sich darauf besinnt, dass alles seine Zeit hat. Der Rhythmus gehört zum Leben des Menschen. Und was passiert, wenn dieser Rhythmus durcheinandergerät, merkt jeder Fernreisende, der nach einem Interkontinentalflug einen Jetlag hat, und jeder Schichtarbeiter, dessen Beruf für ihn dauerhaft die Nacht zum Tag macht. Es gibt den Rhythmus des Tages mit seinen Tageszeiten und den Rhythmus des Jahres, der von Jahreszeiten und Festen geprägt ist. So wenig wie das Frühstück in die Abenddämmerung passt, so wenig gehört die Adventszeit in den Sommer. Und so hat die evangelische Kirche vollkommen recht, wenn sie im Rahmen ihrer Aktion »Advent ist im Dezember« feststellt, das permanente Angebot typischer Adventswaren könne zu einer Störung gewohnter Rhythmen und somit zur Bedeutungslosigkeit des Advents im privaten Raum führen.

Zwar gab es Lebkuchen schon, als Christus noch lange nicht geboren und demzufolge Weihnachten noch nicht erfunden war. Schon vor viertausend Jahren legten die alten Ägypter »Honigkuchen« als Jenseitsspeise in die Pharaonengräber. Auch Römer und Griechen sahen in der süßen Kost eine göttliche Bedeutung. Im Mittelalter galt »Lebekuoche« als verdauungsfördernde Arznei. Später war der Lebkuchen, der vor allem in Klöstern und Hostienbäckereien hergestellt wurde, als Fastenspeise erlaubt. Heute wird er in manchen Regionen auch Lebenskuchen oder Leckkuchen genannt. Die Bedeutung des Wortes ist aber vermutlich auf den Brotlaib oder das lateinische »libum« zurückzuführen, was »Fladen« oder »Opferkuchen« bedeutet. Und weil in Deutschland alles geregelt ist, gibt es auch genaue Vorschriften über die Beschaffenheit von Lebkuchen: Wird er als »Elisenlebkuchen« verkauft, müssen mindestens fünfundzwanzig Prozent Mandeln und/oder andere Nüsse, höchstens aber zehn Prozent Getreidemahlerzeugnisse enthalten sein. Die Glasur muss aus hochwertiger Kuvertüre bestehen, minderwertige Fettglasur ist nicht erlaubt. Keine Gedanken hat sich der Gesetzgeber aber wohl darüber gemacht, wann Lebkuchen im Regal stehen darf. Ähnlich verhält es sich mit den Ostereiern, die heutzutage ganzjährig als Brotzeit- oder Partyeier verkauft werden – auch hier wird der Einzelhandel behaupten, dass damit nur ein Kundenbedürfnis befriedigt wird. Und ähnlich wird man auch begründen, dass es neuerdings mit Schokolade gefüllte »Osterkalender« gibt, mit denen wohl die Schlussphase der Fastenzeit versüßt werden soll.

Wer im August Lebkuchen isst und im Oktober schon

die Tannenzweige dekoriert, der hat gewiss spätestens am zweiten Weihnachtstag die Nase voll vom Fest der Liebe, wird umgehend die Krippenfiguren wieder einmotten und den Tannenbaum dem Kreislauf der Gartenabfälle anvertrauen – obwohl der Baum doch bis zum traditionellen Ende der Weihnachtszeit an Mariä Lichtmess am 2. Februar stehen bleiben könnte. Doch Trost finden wird der Ganzjahres-Lebkuchenkonsument vermutlich darin, dass nach dem Verschwinden der Schoko-Nikoläuse die ersten Osterhasen schon mit ihren Pfoten scharren.

HUT IST GUT

Es ist ausgesprochen bedauerlich, dass der Mann mit Hut aus der heutigen Landschaft fast vollkommen verschwunden ist – wenn man von uniformierten Polizisten oder verkleideten Nikoläusen in der Adventszeit absieht. Eine Werbekampagne aus den Fünfzigerjahren mit dem Slogan »Man trägt wieder Hut« zeigte offenkundig keinen nachhaltigen Erfolg, denn spätestens die als obercool geltende Achtundsechziger-Generation stempelte Hutträger als Vertreter anachronistischer Rollenklischees und überholter Traditionen ab. Der Hut war das Symbol der überwundenen Adenauer-Ära. Der Mann mit Hut war ein Mann von gestern. »Stock und Hut steht ihm gut«, war nicht nur grammatikalisch falsch, sondern auch modisch nicht mehr angesagt. Dass ausgerechnet der Sozialdemokrat Helmut Schmidt als damaliger Mann der Zukunft später mal neben dem Nato-Doppelbeschluss vor allem wegen seines Huts in Erinnerung bleiben sollte, konnte damals niemand ahnen.

In den Siebziger- und Achtzigerjahren waren Hüte völlig verschwunden und wichen im Straßenbild Baseballkäppis, Kopftüchern, Turbanen, Kapuzenpullis und Palästinensertüchern. In der Bamberger Altstadt im Schatten des tausendjährigen Doms gibt es das offenbar noch florierende Hutgeschäft J. Holland, ein Schild im Schaufenster, das auf ein Firmenjubiläum hinweist, macht aber stutzig: »1867 bis 1967«.

Wer heute Hut trägt, ist entweder ein Spinner, ein Urlauber am Flughafen oder ein Künstler, oder er besucht das Pferderennen in Ascot, wo alljährlich die verrücktesten Hutkreationen präsentiert werden, die man jedoch selten im Alltag wiederfinden wird. Dabei hat der Hut in unserer Alltagssprache eine so große Bedeutung gewonnen: Man zieht den Hut, um Respekt zu erweisen. Man nimmt seinen (Doktor-)Hut, wenn man seine Dissertation bei Wikipedia abgeschrieben hat. Und wenn man vollends genervt ist, geht einem der Hut hoch, alternativ geht einem etwas über die Hutschnur. Und von dem schwergewichtigen britischen Schriftsteller und Beziehungsratgeber Gilbert Keith Chesterton stammt der Ausspruch: »Ein Mann, der einem Hut hinterherläuft, ist nicht halb so lächerlich wie ein Mann, der einer Frau hinterherläuft.«

Dass Hutträger auch heute noch ihren Platz in der Gesellschaft haben und alles andere als spießig sind, beweist diese Top Ten der coolsten Hutträger:

Pietro Lombardi: Wer erinnert sich noch an den DSDS-Gewinner des Jahres 2011? Sein Hauptschüler-Charme und sein überschaubarer Wortschatz mit den Superlativen »Bombe« und »Jackpot« brachen das Herz der schönsten Konkurrentin um die Superstar-Krone und führte zur Hochzeit mit Sarah Engels. Hut ab!

Udo Lindenberg: Ihn möchte man ohne Hut gar nicht mehr sehen und würde ihn vermutlich auch gar nicht erkennen. Seine Coolness erklärt sich von selbst, und dass es in der Stadt Lindenberg im Allgäu ein Hutmuseum gibt, sagt auch schon alles.

Helmut Schmidt: Seine legendäre Prinz-Heinrich-Mütze – auch: Helgoländer – beweist, dass man als Verteidigungsminister keinen Stahlhelm tragen muss, sich als Elder Statesman gelassen über jedes Rauchverbot hinwegsetzen kann und auch mit vierundneunzig Jahren noch jung genug für eine neue Liebe ist.

Roger Cicero: Auch ihn hat man selten ohne Hut gesehen. Seine Musik muss man nicht mögen, um neidlos anzuerkennen: ein Mann mit Stil und Niveau.

Xaver Unsinn: Der langjährige Eishockey-Bundestrainer wurde wegen seines Allgäuer Dialekts »Mister Eishockei« genannt. Auch wenn sein Pepita-Hut manchmal etwas merkwürdig wirkte, er machte ihn unsterblich für den deutschen Wintersport.

John Wayne: Der US-Schauspieler war ohne Pferd und Cowboyhut kaum denkbar und gehörte zu den erfolgreichsten seiner Zeit. Doch auch als Politiker hätte der konservative Patriot Karriere machen können: 1968 schlug er lange vor der Reagan-Ära das Angebot der Republikaner aus, als US-Präsident zu kandidieren – mit der Begründung, ein Schauspieler würde im Weißen Haus nicht akzeptiert.

Dagobert Duck: Er trägt Gehrock, Gamaschen, einen Stock, Brille und Backenbart – sowie einen Zylinder, den er für einen Schnäppchenpreis gekauft hat. Seine Sparsamkeit brachte ihm ein Vermögen ein, das von Duck-Biografen auf 788 423 000 017,16 Taler beziffert wird. Und er hat das coolste Hobby der Welt: Er schwimmt im Geld.

Sherlock Holmes: Sein Hut wurde zum einzigartigen Markenzeichen. Wohl nirgends auf der Welt könnte heute noch jemand einen Deerstalker-Hut tragen, ohne sich damit als Holmes verkleidet zu haben. Der Meisterdetektiv ist das Musterbeispiel dafür, mit absolut uncoolem Outfit Weltruhm und Respekt zu erlangen.

Papst Benedikt XVI.: Im Lindenberger Hutmuseum gibt es seit kurzer Zeit neben einem echten Luis-Trenker-Hut eine Original-Scheitelkappe des Heiligen Vaters zu sehen. Er gehört zweifellos zu den bekanntesten Hutträgern, der jedoch – je nach Einsatzgebiet – in seiner Amtszeit zwischen der feierlichen Mitra und dem kleinen weißen Pileolus wählen konnte. Auf seiner Mexikoreise setzte er einen Sombrero auf. Und in seiner Freizeit soll er sogar gelegentlich eine Baseballkappe tragen – ganz in Weiß natürlich. Wenn das mal nicht cool ist! Und wer weiß, vielleicht geht er nach seinem Rücktritt öfter in Rom spazieren, als wir denken – mit großem Hut getarnt.

Imageberaterin Schwind von Egelstein stellt ganz unabhängig von päpstlichen Kopfbedeckungen fest: »Der Hut hat seine Aussage als Wohlstandsaccessoire verloren. Er bleibt eine beliebte Wahl bei Individualisten und kann einem Gesicht Markanz verleihen.« Also, Mut zum Hut!

HANDY AUS! EINFACH MAL ABSCHALTEN

Es gab Zeiten, so Mitte der Neunzigerjahre, da war es zweifellos noch richtig cool, ein mobiles Telefon zu besitzen – und das auch allen zu zeigen. Es wurden für wenig Geld sogar Handyattrappen verkauft, mit denen man an der roten Ampel wichtige Geschäftsgespräche simulieren konnte, nachdem man mit einer geübten Bewegung aus dem Handgelenk die kleine Teleskopantenne ausgezogen hatte. Das wirkte allerdings im D-Kadett oder Ford Fiesta nicht immer glaubwürdig. Und manche Handys hatten auch die Funktion, dass sie zu einem programmierten Zeitpunkt – in der Vorlesung, beim Vorstellungsgespräch oder beim ersten Date – einen Anruf vortäuschten. Das Signal war eindeutig: Dieser Mensch ist so wichtig, dass andere ihn jederzeit erreichen müssen, er ist so etwas wie ein Notarzt im Bereitschaftsdienst, dessen Erreichbarkeit Leben rettet.

Heute ist das anders: Die Handys werden immer kleiner und sind teilweise mit bloßem Auge kaum mehr zu sehen – oder sie sind so groß wie die TI30-Taschenrechner aus dem Mathe-Unterricht und verfügen über eine Telefonfunktion nur noch aus Nostalgiegründen. Man telefoniert mit Headset auf offener Straße – und nimmt dabei in Kauf, dass man für einen debilen Deppen gehalten wird, der emotionale Selbstgespräche führt.

Doch bleibt trotz allem die Frage: Wem dient die Instant-Erreichbarkeit rund um die Uhr, wenn man nicht der erwähnte Bereitschaftsarzt ist? Und selbst der hat mal Freizeit, in der andere die Lebensretterschicht übernehmen. Auch der Bundeskanzlerin würde man zugestehen, immer erreichbar sein zu müssen, was sie auf einer Tagung in Verlegenheit brachte, als während ihrer Rede das Handy klingelte. Ob es Putin oder Sarkozy war, der einen Euro-Gipfel einberufen wollte, oder ob ihr Mann fragte, was er abends kochen solle, werden wir vielleicht nie, vielleicht aber in Merkels Memoiren erfahren – das Video mit Merkels Handy-Anruf kursiert übrigens im Internet unter der vielsagenden Überschrift »Das peinliche Klingeln«. Fest steht jedenfalls: Cool ist heute nicht, wer durch penetrantes Piepen ständigen Stand-by-Modus demonstriert.

»Mein Akku ist bald leer«, »Der Empfang ist schlecht« und »Da vorn steht die Polizei« sind inzwischen die häufigsten Alltagslügen, mit denen man lästige Anrufe abwimmelt und auf ein »richtiges« Telefonat – also übers Festnetz – vertröstet.

In Wahrheit cool ist heute, wer es sich erlauben kann, sein Telefon auch tagsüber einfach mal auszuschalten. »Abschalten« ist im übertragenen Sinn ein Wort für Entspannen. Doch heute darf es auch wortwörtlich verstanden werden. Jedes Handy hat einen Abschaltknopf. Das wusste auch der Betriebsrat des Volkswagen-Konzerns, als er eine Regelung durchboxte, wonach Mitarbeiter nach Feierabend keine dienstlichen Mails mehr auf ihre

Firmen-Blackberrys bekamen – als wären die Armen nicht schon genug damit gestraft, dass sie keine iPhones erhalten haben. Dass ehrgeizige VWler die Befehle ihrer Vorgesetzten nach Dienstschluss jetzt an die privaten Mail-Adressen geschickt bekamen, liegt auf der Hand.

Dass die Antwort auf vermeintlich schwierige Fragen ganz einfach sein kann, zeigt ein Blick in das Ratgeber-Forum gutefrage.net. Dort will jemand, vermutlich aus Angst vor Elektrosmog, wissen: »Sollte man das Handy vor dem Schlafengehen ausschalten?« Die Antwort ist umwerfend einfach und einleuchtend: »Ja. Denn vom Klingeln wacht man sonst auf.«

Eine nichtwissenschaftliche Untersuchung hat die schrägsten letzten Worte von Handy-Benutzern dokumentiert, die bis zum Schluss immer erreichbar waren:

»Ich bin gerade auf der Zugspitze. Ich glaube, es zieht ein Gewitter auf.«

»Nur ganz kurz, denn im Flieger darf man ja nicht telefonieren…«

»Warte mal, ich muss dich mal kurz auf den Beifahrersitz legen und einen Holländer überholen.«

»Wie weit kann man eigentlich auf der Hafenstraße geradeaus fahren, bis man ins Wasser…«

IN DIE KIRCHE GEHEN –
UND DAS NICHT NUR ZUR WEIHNACHTSZEIT

Es ist wohl kein Phänomen unserer Zeit, den sonntäglichen Kirchgang spießig zu finden. Schon als Kind wollte man a) lieber ausschlafen, b) auf den Sportplatz oder c) die *Sendung mit der Maus* schauen, anstatt sich einer immer gleichen Anreihung von Liedern, Texten und Sprechgesang auszusetzen, die man nur durch das Blättern in mehr oder weniger frommen Bilderbüchern überstand.

Vielen Erwachsenen ergeht es ähnlich: Man möchte a) lieber ausschlafen oder b) auf den Sportplatz oder c) das Formel-1-Rennen im Fernsehen schauen – es sei denn, man hat selbst Kinder, dann entfällt a und c ist wieder *Sendung mit der Maus*.

Auch die Zugehörigkeit zur Kirche gilt in unserer aufgeklärten Zeit als uncool: Wer möchte schon mit einer Zwangsabgabe eine Institution unterstützen, die vor allem mit Missbrauchsskandalen Schlagzeilen macht und gegen Kondome ist? Da spendet man doch lieber selbstbestimmt für Greenpeace oder das örtliche Tierheim. Kirchensteuer ist so beliebt wie die Rundfunkgebühr oder die Heizkostenabrechnung.

Im Alltag vieler Deutscher spielen Kirche und Glaube keine Rolle mehr. Es ist ein bisschen wie mit dem Christkind: Man glaubt erst wieder dran, wenn die Stunde der Bescherung bevorsteht. Wenn Taufe, Heirat oder Beerdigung anstehen, nimmt man die festlichen Dienste der Kirche, die man zuletzt zur eigenen Erstkommunion von innen gesehen hat, gerne in Anspruch. Allenfalls noch an Weihnachten sind die Gotteshäuser voll: Sechsundvierzig Prozent der Bundesbürger wollen an Heiligabend in die Kirche gehen. Weil's so festlich ist und der Chor so schön »Stille Nacht« singt.

Nur noch jedes zweite Ehepaar lässt seine Kinder taufen. Die Kinder sollen später selbst entscheiden, ob sie Christen, Mormonen oder – das ist am wahrscheinlichsten – gar nichts werden wollen.

Zwar gehen nur dreizehn Prozent der Katholiken und kaum vier Prozent der Protestanten sonntags in die Kirche, dennoch ist Deutschland immer noch ein christliches Land: Dreiundsechzig Prozent glauben an Gott, und neunundfünfzig Prozent sind davon überzeugt, dass Jesus Gottes Sohn ist. Und sogar neunundachtzig Prozent glauben, dass der Mensch eine Seele hat – was auch immer damit mal passiert, denn nur achtundvierzig Prozent glauben an ein Leben nach dem Tod. Solche Zustimmungswerte hat selbst die CSU in Bayern schon lange nicht mehr.

Dass die Kirche den Menschen etwas bietet, wonach sie tief in sich eine Sehnsucht spüren, zeigen nicht nur die vollen Gotteshäuser an Heiligabend. Sogar Paare, die selbst ungetauft sind – weil sie sich mal entscheiden sollten und das nicht getan haben –, wollen sich und ihren

Kindern etwas bieten, das sich wie Kirche anfühlt und wie Gottesdienst aussieht: So kommt es zu merkwürdigen Zeremonien, bei denen ein bezahlter Redner vor einem Tisch mit Kerzen philosophische Kalendersprüche über Leben und Liebe aufsagt, während die Festgäste ehrfürchtig schauen und instinktiv die Hände falten. »Freie Hochzeit« oder »Freie Taufe« heißt das dann. Warum eigentlich wird man von der ARD verklagt, wenn man für ein Krimifestival den Begriff »Tatort« benutzt, aber die Kirche hat kein Copyright auf die »Taufe«?

Auch wenn in den Einwohnermeldeämtern bereits entsprechende Wegweiser aufgestellt werden und es auf Partys als schick gilt, mit dem Kirchenaustritt zu kokettieren: Die Zahl der Austritte ist deutlich geringer als oft dargestellt und liegt bei rund einem Prozent. Die größten Austrittswellen der Nachkriegszeit wurden in der Achtundsechzigerzeit und 1990 gezählt: Nach der Wiedervereinigung hätten die Ostdeutschen erstmals Kirchensteuer zahlen müssen und traten in Scharen aus.

Immer noch leben mehr als fünfzig Millionen Christen in Deutschland, und selbst von den Anhängern der Grünen glauben noch einundsechzig Prozent an Gott. Immer noch zwei Drittel aller Bundesbürger wünschen sich nach ihrem Tod ein kirchliches Begräbnis. Sonntags in die Kirche zu gehen, ist daher nichts, wofür man sich schämen sollte, sondern ein Bekenntnis zu einer Institution, die trotz allem immer noch eine gute Sache ist. Darüber muss man sich ja nicht erst klar werden, wenn's ans Sterben geht.

Und für die *Sendung mit der Maus* gibt es zum Glück ja den Videorekorder.

SCHRANKWAND STATT PAPPKARTONS

Das in der Erinnerung beeindruckendste Möbelstück im jahrzehntelang unveränderten Elternhaus war zweifellos die braune Schrankwand mit Vitrine und Likör-Bar – dass sie vom Hersteller vielleicht gar nicht als Likör-Bar konzipiert war und man auch andere Spirituosen hätte hineinstellen können, ist mir erst im Erwachsenenalter bewusst geworden. Der Schrank roch irgendwann nach Staub – behauptet zumindest meine Frau, ich selbst habe diesen Geruch immer als völlig normales Wohnzimmer-Aroma wahrgenommen.

So selbstverständlich, wie die Schrankwand in der elterlichen Wohnstube war, so selbstverständlich habe ich in meine erste eigene Wohnung kleine Schränkchen aus Presspappe mit aufgeklebten Glanzfolien von IKEA gestellt. Das war jung, das war bunt, das war modern und cool – und landete nach drei Jahren auf dem Wertstoffhof. Auch in der zweiten Wohnung machte ich den gleichen Fehler, aus Emanzipation vom Elternhaus auf eine Schrankwand zu verzichten. Erst wenn man im Laufe der Jahre endlos viel Plunder und Kleinkram mit sentimentalen Erinnerungen angehäuft hat, für den es keinen Aufbewahrungsort gibt und der von Regal zu

Regal, von Stapel zu Stapel wandert, keimt die ebenso sentimentale Erinnerung an die Schrankwand der Kindheit auf – und die Erkenntnis: So unpraktisch ist so ein Holztrumm ja gar nicht!

Und wer sich näher mit der modernen Schrankwandarchitektur befasst, stellt fest, dass sie echte Raumwunder sind, unendlich viel Stauraum bieten, nicht mehr unbedingt ein Likörfach haben und gar nicht mal so hässlich sind.

Dass die Schrankwand keine schwedische, sondern eine deutsche Erfindung ist, überrascht nicht. Na ja, es war ein Österreicher, der Wiener Architekt Franz Schuster, der 1921 ein »An- und Aufbaumöbelprogramm« entwarf, das die Möbelfabrik Erwin Behr im baden-württembergischen Wendlingen auf den Markt brachte. 1955 entwickelte die Firma das Schrankwand-System »BMZ« – Behr Möbel Zerlegbar –, das bis in die Achtzigerjahre hinein verkauft wurde. Es kamen Hersteller wie Interlübke und Hülsta hinzu, die gemeinsam den Schrankwandmarkt beherrschten: 1997 wurden in Deutschland vier Millionen Schrankwände verkauft.

Ähnlich praktisch wie Schrankwände und gleichermaßen verrufen sind auch Einbauküchen. Interessant ist, dass die moderne Einbauküche nur fünf Jahre nach der Schrankwand erfunden wurde – und zwar ebenfalls in Wien: Die Architektin Margarete Schütte-Lihotzky entwarf für einen Raum von sechseinhalb Quadratmetern die sogenannte »Frankfurter Küche« mit auf ein Minimum reduzierte zu putzende Flächen aus Buchenholz und Linoleum. Innerhalb weniger Jahre wurde die »Frankfurter Küche« in Deutschland zehntausendmal verkauft, durchsetzen konnte sie sich aber erst nach dem Krieg.

Und wo wir gerade bei spießigen, aber nützlichen Möbelstücken sind: Eine Dreier-Zweier-Einser-Sitzgarnitur ist die perfekte Kombination fürs Wohnzimmer, und die gepolsterte Eckbank im Esszimmer möchte ich nicht mehr missen: In den Stauraum unter den Sitzflächen kann ich all den Kleinkram deponieren, für den ich in der Schrankwand keinen Platz mehr gefunden habe.

ALKOHOLFREIES BIER – ENERGYDRINK UND MULTIVITAMINSAFT

Gewichtsprobleme hatte ich bisher nie. Und ernsthafte Diät-Gedanken beschäftigen mich erst seit dem Tag, als ich in der Zeitung nachlesen musste, dass der amtierende CSU-Generalsekretär weniger auf die Waage brachte als ich. Und dass CSU-Politiker Schwergewichte sind, versteht sich von selbst. Die Erklärung: Alexander Dobrindt hatte von sich selbst Fernsehbilder gesehen und entschieden, dass er abnehmen musste. Die Dobrindt-Diät sah vor allem so aus, dass er abends alkoholfreies Bier trank. Das Ergebnis: Innerhalb weniger Wochen speckte er von knapp zwei Zentnern auf 77,5 Kilo ab und wurde – rein körperlich – zum Leichtgewicht. Ein CSU-Spitzenpolitiker, der alkoholfreies Bier trinkt? Wie spießig ist das denn?, wird so mancher gedacht haben. Aber auch Nichtprominente geraten unter Rechtfertigungsdruck, wenn sie in geselliger Runde ein Getränk unterhalb der Fünf-Prozent-Hürde ordern, weil ihnen Apfelschorle noch peinlicher wäre. »Musst du noch fahren?«, »Bist du schwanger?« oder einfach nur: »Was ist los mit dir?«, heißt es dann verwundert. Alkohol gehört schließlich zum Geselligsein dazu, und wer ohne

ersichtlichen Grund darauf verzichtet, gilt als Spaß-
bremse.

Dabei ist alkoholfreies Bier ein richtiger Energydrink,
der aus ernährungswissenschaftlicher Sicht sogar die geliebte Apfelschorle in den Schatten stellt.

Tatsächlich ist das Alkoholfreie keine Kalorienbombe
wie das »normale« Bier, sondern hat vierzig Prozent weniger Energie, je nach Marke dreiundachtzig bis hun-
dertsiebenundvierzig Kalorien pro Flasche – das ist weniger als Fruchtsaft. Aber nicht nur das: Es enthält viel
Kalium und Magnesium, Eiweißbestandteile und etwas
Kalzium. Außerdem ist Folsäure enthalten, ein nicht nur
in der Schwangerschaft unverzichtbares Vitamin, das
oft in Form von Nahrungsergänzungstabletten genommen wird. Etwa ein Drittel des täglichen Bedarfs deckt
eine Flasche alkoholfreies Bier ab. Es ist isotonisch und
ersetzt die durch das Schwitzen verlorenen Elektrolyte,
damit wird Muskelkrämpfen vorgebeugt und der Körper regeneriert, Konzentrations- und Leistungsfähigkeit
werden gestärkt. Eine Studie der TU München mit zwei-
hundertsiebenundsiebzig Marathonläufern hat erbracht,
dass das Immunsystem gekräftigt und Entzündungen
gehemmt werden: Wer am Tag anderthalb Liter alkoholfreies Bier trinkt, reduziert demnach sein Erkältungsri-
siko um ein Drittel. Grund dafür ist das Wunderelixier
Polyphenol, das sogar krebsvorbeugend wirken soll.

Und weil Alkoholfreies ein Alleskönner ist, wird bei
stillenden Müttern durch die Gerste das Hormon Pro-
lactin ausgeschüttet, das die Milchbildung fördert.
Kurzum: Alkoholfreies Bier ist schlicht »Vitalisierend«,
wie Boxer Klitschko in der Fernsehwerbung versichert.

Vitalisiert fühlt sich auch die Brauereibranche durch das gesunde Bier. Denn während seit den Achtzigerjahren der Bierkonsum von hundertfünfundvierzig Litern pro Kopf auf nur noch hundertacht Liter jährlich zurückgeht, wächst der Marktanteil des Alkoholfreien auf inzwischen immerhin drei Prozent. Der Markt beginnt also buchstäblich zu schäumen.

Tatsächlich ist nicht jedes alkoholfreie Bier wirklich hundertprozentig clean. Als solches ausgezeichnet werden darf ein Bier bis zu einem Alkoholgehalt von 0,5 Prozent, weshalb Alkoholiker oder Schwangere genau hinsehen sollten. Allerdings gibt es auch woanders versteckte Promille: Weißbrot enthält 0,2 Prozent Alkohol, Traubensaft 0,4 Prozent, eine reife Banane 0,6 Prozent, und in Weinsauerkraut lassen sich bis zu zwei Prozent finden.

Inzwischen gibt es aber auch alkoholfreie Biere mit 0,0 Prozent Alkoholgehalt. Das liegt an einem neuen Brauverfahren. Bisher war es üblich, den Gärungsprozess zu stoppen, bevor Alkohol entsteht. Weil Alkohol aber ein Geschmacksträger ist, verringern sich die Aromastoffe. In einem moderneren Prozess wird einem normal gebrauten Bier nachträglich durch ein aufwendiges Vakuumverfahren bei niedrigen Temperaturen der Alkohol wieder entzogen, wodurch der würzige Geschmack überlebt.

Und für alle, die sich einbilden, dass nur Bier mit Alkohol wirklich gut schmeckt, gibt es eine gute Nachricht aus Berlin: Forschern der dortigen Technischen Universität ist eine bahnbrechende Entdeckung gelungen. Sie haben es geschafft, ein alkoholfreies Bier zu brauen, das richtig nach Bier schmecken soll. In dubio Pro-st.

KEGELN: EIN UMWERFENDES HOBBY

Kegelabend – das klingt so sexy wie Seniorengymnastik oder Töpferkurs und erinnert an verrauchte Keller, in denen der Jägermeister in Strömen fließt und Altherrenwitze die Runde machen. Einmal im Jahr geht's in den Schwarzwald oder ins Sauerland auf Kegeltour, auf der alle biergeformten Wohlstandsbäuche von identischen T-Shirts mit Aufdrucken wie »Alle Neune« oder »Gut Holz« bekleidet sind.

Weil man dies alles spießig findet, geht man lieber zum Bowling. Das ist eine Trendsportart für die Gebildeten, die sich auch die Spezialschuhe aus Känguruleder leisten können. Bowling-Center sind moderne Freizeitpaläste, und wer sich abends zum Bowlen verabredet, ist nicht weniger cool, als ginge er zum Squash oder zum Chinesischkurs an der VHS.

Doch wer das Kegeln für vorgestrig und altmodisch hält, sollte sich vor Augen führen, wie das trendige Bowling entstanden ist. Gekegelt haben nämlich schon die alten Ägypter, wie Ausgrabungen aus dem Jahr 3500 vor Christus belegen. Auch die Germanen kegelten, indem sie mit Steinen auf Knochen zielten. In der Chronik von Rothenburg ob der Tauber wurde im Jahr 1157 erstmals Kegeln als verbreitetes Gesellschaftsspiel geschildert. Am Niederrhein ist eine Kegler-Gilde seit dem Jahr 1265 historisch belegt. Europäische Auswanderer brachten das Kegeln nach Nordamerika, wo es sich zu einem Wettspiel entwickelte und wegen der damit einhergehenden Betrügereien immer öfter von den Behörden untersagt wurde. Das Verbot des Neunkegelspiels im US-Staat Connecticut soll 1837 der Auslöser dafür gewesen sein, dass Oberschlaue ein neues Spiel mit zehn Kegeln erfanden, die sie nicht im Quadrat, sondern im Dreieck aufstellten. Bowling war geboren – und fand, wie viele Entdeckungen aus dem »Land der unbegrenzten Möglichkeiten«, den Weg zurück nach Europa. Bis heute sagen die schicken Bowler »Strike« statt »Alle Neune« und nennen die Kugel »Ball«, weil die englische Sprache den Unterschied zwischen Ball und Kugel nicht kennt.

Kegeln ist nicht nur die Mutter der Präzisionssportarten, sondern auch ein Teil unserer Hochkultur. Die drei größten Dichter deutscher Sprache waren bekennende Kegelfreunde: Friedrich Schiller, Johann Wolfgang von Goethe und Karl May. Ein Kegelabend nivelliert auch für wenige Stunden alle gesellschaftlichen Unterschiede. Denn plötzlich lacht der Studiendirektor über dieselben platten Sprüche wie die Regalservicekraft.

»Hoch die Strümpfe, das war'n Fünfe!«, »Sechs, sieben, acht – und wieder hat's gekracht!«, »Sechs ist immer gut!« – oder bei einer peinlichen Eins: »Herr Sanitäter, hier ist einer umgefallen!« Und nach der dritten Runde Obstler gibt es niemanden mehr, der es nicht lustig findet, wenn es heißt: »Lieber mit Verona kegeln als mit Dieter bowlen.«

FREITAG IST BADETAG

Dass Freitag Badetag ist, haben wohl viele noch so in Erinnerung. Hartnäckig hält sich sogar das Gerücht, dass
in der DDR Freitag als Badetag staatlich vorgeschrieben
war. Das ist natürlich Unsinn und vielleicht darauf zurückzuführen, dass es in den damals noch nicht neuen
Ländern die Fernsehserie *Aus dem Tagebuch eines Minder-
jährigen* gab. Sie basierte auf dem Roman *Freitags wird
gebadet* von Kurt David – und wurde immer freitags ausgestrahlt. Es ging darum, dass der Junge Heinz seinen
Vater am Telefon verleugnen sollte, weil der sein freitäg-
liches Vollbad nicht unterbrechen wollte. Im West-Fern-
sehen lief freitags *Zorro, Western von gestern* oder *Dick und
Doof*, aber auch die Badewanne wurde in der Bundesrepublik medial kultiviert: Didi Hallervorden und Helga
Feddersen sangen: »Die Wanne ist voll«, und Loriot
ließ die Herren Müller-Lüdenscheid und Dr. Klöbner
unvergessene Dialoge in einer Hotel-Badewanne sprechen: »Wissen Sie, dass viele Menschen überhaupt kein
Bad besitzen?« – »Ach, Sozi sind Sie auch noch?« Und:
»Die Ente bleibt draußen!« Übrigens baden die Herren
nicht nur in der falschen Wanne, sondern auch am falschen Tag. Der Trickfilmsketch »Herren im Bad« wurde

am 15. Juni 1978 erstmals ausgestrahlt – ein Donnerstag.

Die Ursprünge der europäischen Badekultur liegen
jedoch lange vor der Zeit von Hallervorden, Feddersen
und Loriot und gehen auf die Antike zurück, als es noch
kein Facebook gab und man in öffentlichen Badehäusern
seine sozialen Netzwerke pflegte. Bis das Baden auch
zur Körperreinigung diente, sollten noch einige Jahre
vergehen. Platon plädierte dafür, heiße Bäder den Alten
und Kranken zu überlassen. Auch die Spartaner – war
ja klar! – lehnten warme Bäder ab, weil sie darin ihre
Kriegsfähigkeit gefährdet sahen.

Erst die Kreuzfahrer brachten die islamische Badekultur nach Europa, was jedoch vielen Abendländern sus-
pekt vorkam. Priestern war es verboten, öffentliche Bäder zu besuchen, weil man sie für verkappte Bordelle
hielt. – Ein Gedanke, auf den man heutzutage auch kommen kann, wenn man in den großen Wellness-Tempeln
mal genauer in die dunklen Ecken schaut. – Und tatsächlich führte die Einschleppung der damals noch unheilba-
ren Syphilis durch spanische Söldner im 15. und 16. Jahrhundert zum Ende der meisten öffentlichen Badehäuser.

Private Badezimmer mit Warmwasserleitungen gab es
in vielen Wohnungen erst im 20. Jahrhundert. Und so
mancher wird sich noch daran erinnern, wie in Groß-
mutters Keller am Badetag das Wasser in einem Kessel
erhitzt wurde, damit die ganze Familie darin nacheinan-
der baden konnte. Anschließend wurde das Wasser noch
zum Putzen verwendet.

Das gemütliche Vollbad mit duftendem Schaum und
Quietscheentchen gerät heute immer mehr in Vergessen-

heit. Schnell, schnell muss alles gehen. Eine Dusche ist in drei Minuten erledigt, und man muss nicht erst lange darauf warten, bis die Wanne gefüllt ist. Aus hygienischer Sicht ist das Ergebnis das Gleiche. Doch für die Seele ist die Blitz-Dusche am Morgen einer von Hunderten Stress-Punkten auf der To-do-Liste, die abgehakt werden müssen, wie Zähneputzen, Antifaltencreme auftragen, Schuhe anziehen, Müslischüssel füllen und so weiter. Wenigstens einmal pro Woche, am Badetag, sollte man aber das Badezimmer zur kleinen Wellnessoase machen und ohne Zeitdruck ein erholsames Entspannungsbad genießen. Der Freitag bietet sich dazu nach getaner Wochenarbeit an, auch der Samstag als Start ins Wochenende ist ideal.

Aber kommen wir jetzt zum Totschlagargument, mit dem Wannenbader nicht nur als uncoole Spießer, sondern auch als Klimakiller gegeißelt werden: der Wasserverbrauch. Es lässt sich nicht leugnen, dass ein gut gefülltes Vollbad mit hundertzwanzig Litern etwa doppelt bis dreimal so viel Wasser verbraucht wie eine dreiminütige Dusche.

Wenn Wasser in unseren regenreichen Breitengraden ein knappes Gut wäre, dann wäre es tatsächlich angesagt, den Verbrauch aus ökologischer Sicht zu drosseln. Mit einem Vorrat von knapp hundertneunzig Milliarden Kubikmetern Wasser ist Deutschland jedoch ein vergleichsweise wasserreiches Land, wie im Kapitel über den Schirmträger bereits dargelegt wurde. Und was wir als »Wasser-Verbrauch« bezeichnen, ist in Wahrheit nur der Transport des Wassers von Talsperre/Wasserwerk zum heimischen Badezimmer und wieder zurück zur

Kläranlage. Das Wasser wird wieder und wieder zum Baden, Trinken oder Waschen verwendet. Wenn wir am Klo die Spartaste drücken, hat die Kläranlage nicht weniger zu tun. Denn die Dreckmenge bleibt gleich. Aufgrund sparsamer Geräte und wachsendem Umweltbewusstsein ist der Wasserverbrauch in Deutschland in den vergangenen zehn Jahren um zwanzig Prozent gesunken – in der DDR lag der Pro-Kopf-Verbrauch vor der Wende bei über dreihundert Liter am Tag. Der Rückgang ist nicht unproblematisch für das Leitungsnetz, das in den Siebziger- und Achtzigerjahren konzipiert wurde, als man von weiter steigendem Wasserverbrauch ausging. Wenn Wasser zu lange in der Leitung steht, beginnt sie zu korrodieren. Und je langsamer das Wasser fließt, desto höher werden die Keimbelastung und die Geruchsbelästigung aus dem Gully. Dies führt zu der Absurdität, dass in vielen Kommunen Frischwasser in die Leitungen gepumpt werden muss, in Kiel zum Beispiel jährlich zwei Milliarden Liter. In Berlin rücken in trockenen Monaten Feuerwehrfahrzeuge aus, um Wasser aus den Hydranten in die Kanalisation zu pumpen.

Das Vollbad »verbraucht« also kein Wasser – es kostet allerdings, das sei zugegeben, Energie fürs Aufheizen. Wer Wasser sparen will, der sollte es dort tun, wo Wasser knapp ist – und wo zum Beispiel Kaffee produziert wird. Die Herstellung einer Tasse Kaffee kostet hundertvierzig Liter Wasser! Ein Kilo Rindfleisch verbraucht sagenhafte fünfzehntausend Liter Wasser. Und um einen Hamburger zu produzieren, werden zweitausendvierhundert Liter Wasser verbraucht. Das entspricht der Ersparnis von vierzigmal Duschen statt Baden. Zu den hundertdreißig

Litern direktem Wasser, die jeder Westeuropäer pro Tag verbraucht, kommen noch viertausend Liter »indirektes Wasser« hinzu. Da kann jetzt jeder für sich selbst überlegen, wie er die Natur effektiver und angenehmer schonen möchte – um nicht zu sagen: Freitag ist Badetag. Und Badetag ist Öko-Tag.

WARMDUSCHEN IST WOHLFÜHLEN

Sie sind friedlich, reinlich, absolut harmlos und sehnen sich nach Wärme. Dennoch liegt ihr Ansehen in der Öffentlichkeit auf dem Niveau von Zahnärzten, U-Bahn-Kontrolleuren und Falschparkern. Dabei tun sie niemandem etwas zuleide. Sie haben keine Lobby, denn ihr »Vergehen« findet in der intimsten Privatsphäre statt, gewöhnlich ohne jeden Zeugen. Es geht um Warmduscher. Sie sind zum Synonym geworden für Menschen, die nichts aushalten, schwächlich und feige sind. Das Wort Warmduscher hat den aus der Mode gekommenen Begriff Softie abgelöst und ist zum Oberbegriff geworden für Schattenparker, Schlafzimmer-Heizer, Kurzstrecken-Fahrkartenbenutzer, Radarfallen-Bremser, Verfallsdatum-Kontrollierer und Backofen-Vorheizer. Lustige Eidgenossen haben unter der Adresse www.warmduscher-abc.ch über dreitausend Synonyme gesammelt, von A wie Abdeckstift-Benutzer bis Z wie Zahnpasta-Tubenrest-Ausdrücker. Und Udo Jürgens hat ihnen gar ein Lied namens »Weichei« gewidmet, in dem er eine offenbar begehrenswerte Frau davor warnt, sich einen Charterflugzeuglandungs-Applaudierer, Badehauben-duscher, Lindenstraßenkenner, Geschenkpapier-exakt-

Zusammenleger, Müsli-Macho oder Windelwechselpapa ins Haus oder gar ins Bett zu holen, und gipfelt in der Empfehlung: »Wie hältst du diesen Typ bloß aus, schmeiß ihn raus!«

Harald Schmidt hat bereits in den Neunzigerjahren den Begriff Warmduscher als Beleidigung salonfähig gemacht. 1996 nannte er in seiner Sendung während der Fußballweltmeisterschaft Jürgen Klinsmann einen »blöden Warmduscher«. Die darauf folgende juristische Auseinandersetzung mit dem Deutschen Fußball-Bund, in der Schmidt den Kürzeren zog, bezog sich wohl mehr auf das Wort »Warmduscher« als das »blöde«. Und möglicherweise war Klinsi deshalb mehr beleidigt als wegen Schmidts Schmähung als »Schwabenschwuchtel«. Auch Lothar Matthäus schaltete sich damals in den Streit ein und sagte: »Das war unterste Schublade. Leider haben wir nicht solche Gesetze wie in den USA, da wäre so was nicht möglich.« Was wollte Matthäus damit wohl sagen? Forderte er die Todesstrafe für die Beleidigung »Warmduscher«?

Und warum eigentlich muss Duschgel für Männer immer stahlblau sein und so aussehen, als handele es sich um geliertes Wasser eines eiskalten Bergsees?

Um es hier mal klar und deutlich zu sagen: Ich stehe dazu, ein Warmduscher zu sein. Schließlich ist nicht täglich Badetag. Die drei Minuten, in denen das Wasser mit vierzig Grad an mir herunterperlt und mir Sangeskünste entlockt, die in der Welt außerhalb des Duschvorhangs noch kein Mensch zu Gehör bekommen hat, machen die Hektik des bevorstehenden Tages für Augenblicke vergessen. Während Blutdruck und Körpertemperatur auf Wohlfühlmodus gebracht werden, verschwinden alle schlechten Träume und belastenden Grübeleien der Nacht durch den Abfluss in die Unterwelt, wo sie hinge-hören. Warum soll ich mich zur Körperreinigung quä-len und kasteien, ohne dass jemand von meinem Leiden profitiert? Für Altruismus gibt es genug andere Mög-lichkeiten. Ich will nicht wissen, wie viele vermeintliche Kaltduscher nur mit ihrem einsamen Heldendasein un-ter dem Duschkopf prahlen und in Wahrheit gerne mal den kugelgelagerten Mischhebel voll auf Rot drehen, so wie sie sonst eine ganze Tüte Chips vertilgen, wenn sie allein vor dem Fernseher sitzen, um dann in der Firmen-kantine vorbildlich die Tofu-Spaghetti zu bestellen und das Dessert wegzulassen.

Es gibt ja auch Zeitgenossen, die damit glücklich wer-den, sich im Schlafzimmer blutig peitschen oder bis fast zur Bewusstlosigkeit würgen zu lassen. Bitte schön, wem's gefällt, der mag sich auch unter kaltem Wasser seiner Coolness, Willenskraft und Mannesstärke er-freuen. Ich hingegen dusche warm, solange der Boiler es erlaubt. Und wenn ich Platz dafür hätte, dann wünschte ich mir zwischen Dusche und Wanne eine Infrarot-Wär-mekabine.

DRUCKERSCHWÄRZE –
DAS VINYL DES ZEITUNGSLESERS

Das Aussterben der gedruckten Zeitung wird schon lange prophezeit. Und dass ich hier, obwohl ich viele Jahre in einer Online-Redaktion gearbeitet habe, ein Plädoyer halte für die Nachrichten auf Papier, hat nicht nur damit zu tun, dass meine schreibende Laufbahn in der Lokalredaktion meiner verregneten Heimatstadt begonnen hat. Das Internet hat zweifellos unser aller Leben schneller gemacht. Wenn irgendwo auf dem Erdball etwas passiert, sei es eine Naturkatastrophe, ein Krieg oder eine Dschungel-Prüfung, die Ereignisse werden blitzschnell in Echtzeit in jedes Wohnzimmer, auf jedes Telefon transportiert, im Minutentakt und im »Live-Ticker«. Dabei fällt es den Tickerern in den Newsrooms gar nicht mehr auf, wie makaber es ist, die Berichterstattung über Promi-Begräbnisse oder Massenmorde LIVE-Ticker zu nennen – wobei »Todesticker« zwar korrekter wäre, aber zugegebenermaßen auch nicht weniger zynisch. Schleierhaft bleibt auch, für wen der Sonntagskrimi in einem »Tatort-Ticker« in Echtzeit wiedergegeben wird: Die Untertitel für Schwerhörige gibt es schließlich viel komfortabler im Videotext.

Welchen Unsinn die Turbo-Nachrichten tagtäglich in die virtuelle Welt pusten, fällt kaum noch auf und sorgt erst dann für Wirbel, wenn zum Beispiel eine Stuttgarter Tageszeitung die Meldung »Merkel tritt zurück« auf die Homepage stellt – und später unter hämischer Beobachtung der Cyber-Öffentlichkeit klarstellen muss, dass es sich bei dieser Meldung um den Test eines neuen Redaktionssystems gehandelt habe und dass die Nachricht jeder Grundlage entbehre. Und mal ehrlich: Das meiste, was hektisch als Breaking News rausgejagt wird, ist in Wahrheit für mich persönlich ziemlich irrelevant und ändert mein Leben in keiner Weise.

Wie entspannt ist es da doch, am nächsten Morgen eine Tageszeitung aus dem Briefkasten zu holen, in der die Ereignisse des vergangenen Tages kompetent analysiert und von hoffentlich fachkundigen Redakteuren eingeordnet werden. Und wenn es mich direkt betrifft, zum Beispiel wenn Steuern gesenkt, Umgehungsstraßen geplant oder Supermärkte geschlossen werden, dann habe ich es schwarz auf weiß vor mir und kann den Artikel herausreißen und an meine Kork-Pinnwand heften.

Ein weiterer Grund, der für die gute alte Zeitung spricht, ist die stets wachsende Informationsflut und Schein-Aktualität, die im Sekundentakt neue Meldungen in die Welt schleudert und dem Leser das Gefühl vermittelt, möglicherweise etwas Wichtiges zu verpassen, wenn er nicht ständig auf »Aktualisieren« klickt oder seine News-Feeds im Auge behält. Doch was davon wirklich wichtig ist und über die Minute hinaus Bestand und Relevanz hat, das weiß oft nicht einmal der Redakteur, der die Meldung geschrieben und verbreitet hat. Und ich denke: Wenn die Nachricht wirklich von Bedeutung war und sich als nachhaltig interessant erwiesen hat, dann steht sie am nächsten Tag in der Zeitung, für die kluge Menschen bereits eine Auswahl der wichtigsten Nachrichten aufbereitet haben.

Dr. Frank Schirrmacher argumentierte, nur die langsame Zeitung schaffe Zeit zum Nachdenken und mache guten Journalismus möglich. Die Zeitung sei das »verzögernde Moment in der gesellschaftlichen Kommunikation« und daher für immer unverzichtbar. Nun ist Herr Schirrmacher zufällig Herausgeber der *Frankfurter Allgemeinen Zeitung* und daher vielleicht nicht ganz neutral in dieser Frage. Und er muss sich die Gegenposition von Dr. Christian Stöcker gefallen lassen, der sich bei Schirrmachers These an das Argument erinnert fühlt, Schallplatten klängen besser, weil man sie mit der Hand umdrehen müsse. Nun ist auch Herr Stöcker nicht neutral, denn er leitet das Netzwelt-Ressort bei *SPIEGEL ONLINE*.

Tatsächlich gibt es Parallelen zwischen Zeitung und Vinyl-Schallplatte, und es liegt die Vermutung nahe, dass die Zeitung irgendwann genauso veraltet ist und ihre Fans belächelt werden, wenn sie vom Rascheln des Papiers schwärmen und davon berichten, wie sie am Badetag in der Wanne Zeitung lesen. Natürlich ist das Papier an sich als Informationsträger nicht überlegen, denn auf Papier werden auch Nazi-Propaganda und Schmuddelpornos gedruckt. Aber so wie es immer noch Plattenspieler als kostspielige Luxusobjekte mit USB-Anschluss gibt, so wird auch die Zeitung als geliebter Anachronismus überleben – und sei es nur für uncoole Nostalgiker, für die das Umblättern ein genauso erhebendes Gefühl ist wie das Aus-der-Hülle-Nehmen der Schallplatte und die lieber Druckerschwärze an den Fingern haben als lästige Pop-up-Fenster auf dem Bildschirm.

Außerdem: Mit Online-Artikeln kann man weder Weinflaschen bruchsicher verpacken noch den Fußboden beim Weißeln auslegen oder streifenfrei Fenster putzen.

HEIRATEN: TRAUSCHEIN MACHT GLÜCKLICH UND GESUND

Seitdem das, was man früher »Wilde Ehe« nannte, vom Staat immer mehr gefördert und gleichgestellt wird, der »Bund fürs Leben« immer häufiger vor dem Familiengericht endet und man heute sogar nicht mehr Mann und Frau sein muss, um zu heiraten, hat für viele der Gang zum Standesamt seinen Sinn verloren. »Wir brauchen kein Stück Papier, um unsere Liebe zu beweisen«, heißt es als Begründung für den Verzicht auf das Fest »Ganz in Weiß«.

»Die nicht eheliche Lebensform ist bei jüngeren und kinderlosen Paaren heute schon ein Normalfall«, sagt der Bremer Familienforscher Johannes Huinink. Laut Statistischem Bundesamt heirateten im Jahr 2010 nur vierhundertvierzigtausend Männer und Frauen, 1995 waren es noch fast zweihunderttausend mehr. Hauptgrund dafür, dass die Zahl der Trauungen stetig sinkt, liegt in der wachsenden finanziellen Unabhängigkeit der Frauen, die heute keine Ehe mehr eingehen müssen, um versorgt und abgesichert zu sein, sie verdienen manchmal sogar mehr als ihre Gatten.

Die Schauspielerin Nadja Uhl drückt es volksnäher

aus: »Ich finde heiraten spießig. Allein der Gedanke daran verursacht bei mir Beklemmungen.«

Das soziologische Fachmagazin *Playboy* entdeckt sogar einen Trend weg von der Monogamie der Ehe hin zur Polyamorie, der Viellieberei, und begründet das wissenschaftlich damit, dass nur fünf Prozent der Säugetiere monogam leben und die menschlichen Gesellschaften in der Geschichte gerade mal zu siebzehn Prozent die Monogamie zu ihrem Standard-Lebensstil erkoren. Einige Forscher wollen die Polyamorie heute als alternative Lebensform salonfähig machen. Im Internet gibt es unter www.beziehungsgarten.net ein Forum für Menschen in Beziehungen »jenseits traditioneller Entwürfe«, und in München treffen sich die Enkel der freie Liebe predigenden Altachtundsechziger heute in muffigen Wirtshäusern und Chinarestaurants regelmäßig zum Polyamorie-Stammtisch.

Warum also noch heiraten? Nur weil es im Kindergarten Verwirrung stiftet, wenn Vater und Mutter unterschiedlich heißen? Weil man katholisch ist oder ein Kind erwartet? Vielen liefert das Finanzamt den Anlass, kurz vor dem Jahreswechsel noch zu heiraten und für das ganze Jahr die Steuervorteile des Ehegattensplittings mitzunehmen, was jedoch viele Dezember-Brautpaare in den Verdacht bringt, mehr fürs Konto als aus Liebe zu heiraten. Ein früherer Kollege plante seine Hochzeit schon lange im Voraus an einem frühen Januar-Tag. Für einen Finanzexperten aus der Wirtschaftsredaktion wohl ein echter Liebesbeweis!

Es gibt viele gute romantische und irrationale Gründe, sich vor dem Standesbeamten und dem Pfarrer die ewige Liebe zu schwören. Aber es gibt auch sehr handfeste und rationale Argumente.

»Sie wollen alt werden? Sie wollen lange gesund bleiben? Sie wünschen sich ein erfülltes Sexualleben? Sie möchten glücklich sein? Dann folgen Sie modernen wissenschaftlichen Erkenntnissen – und heiraten Sie! Denn damit steigen Ihre Chancen rapide, dass Sie das Ersehnte finden.« Das jedenfalls ist die These des Theologen und Lebensberaters Marcus Mockler, der sich dabei auf wissenschaftliche Untersuchungen berufen kann.

Verheiratete Männer in den USA werden laut Statistik durchschnittlich achtzehn Jahre älter als Junggesellen, was vermutlich nicht nur daran liegt, dass sie besser bekocht werden und sich nicht ausschließlich von Fast Food ernähren. Unverheiratete Männer und Frauen nehmen doppelt so viel Alkohol zu sich wie verheiratete.

Nach einer Untersuchung der US-Regierung bezeichnen sich vierzig Prozent der Verheirateten als glücklich. In unehelichen Partnerschaften oder bei Alleinstehenden tun das nur vierundzwanzig Prozent. Die Soziologin Linda Waite aus Chicago ist nach ihren Studien zu der Erkenntnis gekommen, dass Verheiratete generell körperlich und seelisch gesünder sind als Singles. Und entgegen landläufiger Meinung ist »Sex in der Ehe« besser als sein Ruf. Zweiundvierzig Prozent der Ehefrauen und achtundvierzig Prozent der Ehemänner bezeichneten in einer Befragung der Universität Chicago ihr Sexleben als »emotional und physisch sehr befriedigend«. Bei unverheirateten Partnern waren es nur einunddreißig und siebenunddreißig Prozent. Man kann diese nüchternen Ergebnisse der Glücksforschung mit einem Satz zusammenfassen: Eheleute sind im Durchschnitt glücklicher, gesünder und leben länger. Ohne Zweifel lässt sich also der *Süddeutschen Zeitung* zustimmen, die die Schlagzeile zu Papier brachte: »Spießigkeit ist in – Warum also nicht heiraten?«

MITTAGSSCHLAF – SIESTA GEGEN DAS SUPPENKOMA

Während ich diese Zeilen in den Computer tippe, ist es kurz vor zwölf Uhr mittags. Meine kleine Tochter liegt neben mir in einer Babywippe und schläft den Schlaf der Gerechten. Ich beneide sie, denn ich bin schon viele Stunden wach und spüre das erste Leistungstief des Tages nahen. Bis ich mir selbst einen gesellschaftlich akzeptierten Mittagsschlaf leisten kann, muss ich wohl das Rentenalter erreichen oder in ein südeuropäisches Land auswandern, wo die Siesta zum Tagesablauf gehört wie Sonnenauf- und -untergang. Oder nach Japan, wo sich niemand wundern würde, wenn ich jetzt auf einer Parkbank oder in der U-Bahn ein Nickerchen hielte. »Inemuri« heißt das dort. Dies alles ist jedoch für mich auf absehbare Zeit nicht zu realisieren. Also recherchiere ich erst mal in der Fachliteratur.

Dass Menschen mittags das Bedürfnis haben zu schlafen, ist in ihrer Natur angelegt. Das Mittagstief ist Teil unserer Biologie, oder um mit dem Fachmann Professor Göran Hajak vom Schlafmedizinischen Zentrum der Universität Regensburg zu sprechen: Es gehört zu unserem »zirkadianen Rhythmus«. Mit der Lust auf

Mittagsschlaf stehe ich nicht allein. Von den fünfhundert Menschen ab vierzehn Jahren, die das Meinungsforschungsinstitut ipsos befragte, legt sich jeder Dritte mittags regelmäßig oder gelegentlich hin. Jeder Fünfte würde das gerne tun, hat aber dazu keine Möglichkeit. Kein Wunder, dass auch der Deutsche Gewerkschaftsbund in der Arbeitswelt die Einführung einer Siesta fordert.

»Mittagsschlaf! Klingt altbacken, ist aber topaktuell, effektiv und sinnvoll«, schreibt die *Apotheken Umschau*, ein Fachblatt, dem ich in allen Lebenslagen hundertprozentig vertraue. Die wohl größte wissenschaftliche Untersuchung des Mittagsschlafs haben Bostoner Wissenschaftler in Griechenland an dreiundzwanzigtausendfünfhundert Probanden durchgeführt, mit einem sensationellen Ergebnis: Wer mindestens dreimal in der Woche dreißig Minuten oder länger Siesta – oder wie auch immer das auf Griechisch heißt – hält, verringert das Risiko um siebenunddreißig Prozent, an Herzinfarkt zu sterben. Als Ursache dafür wird vermutet, dass beim Mittagsschlaf die für das Herz gefährlichen Stresshormone schneller abgebaut werden. Nicht untersucht wurde bei den griechischen Probanden jedoch, um wie viel Prozent ein nationaler Mittagsschlaf die Gefahr einer Staatsplcite crhöht.

Eine etwas bescheidenere Studie mit dreißig Testpersonen wurde an der Harvard Universität durchgeführt. Die Probanden mussten anstrengende Denkleistungen verrichten. Eine Gruppe durfte mittags eine Stunde schlafen, hier verbesserten sich die Leistungen nach der Pause. Die zweite Gruppe durfte eine halbe Stunde schlafen, bei ihr blieben die Leistungen bis zum Abend konstant. Die dritte Gruppe ohne Schlaf verschlechterte ihre Leistung deutlich. Ähnliche Ergebnisse brachte ein Experiment an hundertfünfzig Sparkassen-Mitarbeitern aus Graz. Sie waren nach einem Mittagsschlaf zu fünf-undzwanzig Prozent konzentrierter, machten weniger Fehler, und ihre Gehirndurchblutung nahm zu.

Amerikanische Psychologen haben außerdem heraus-gefunden, dass sich durch Kurzschlaf Gelerntes im Ge-hirn festigen kann, weshalb sie Schülern einen Mittags-schlaf nach dem Unterricht empfehlen.

»Mitarbeiter brauchen Pausen, um mehr leisten zu können«, sagt der Schlafforscher Jürgen Zulley aus Re-gensburg, eine offenbar etwas verschlafene Universi-tätsstadt. Er bedauert, dass das offizielle Nickerchen am Arbeitsplatz in Deutschland noch weitgehend tabu ist und hier Schlafen als Zeichen von Schwäche angesehen wird.

Die Erkenntnis der Schlafforscher hat sich inzwischen schon bei einigen innovativen Firmen durchgesetzt, zum Beispiel bei dem in diesem Buch bereits erwähn-ten Autohersteller, der am Standort Kaiserslautern für die Mitarbeiter Ruheräume zur Verfügung stellte. In den USA können gestresste Bürohengste an verschiedenen Stellen Schlafsessel, sogenannte Pods, mieten: Das sind halb offene, abgedunkelte Kugeln, in denen über Kopf-hörer Entspannungsmusik gespielt wird. Nach zwanzig Minuten beendet ein sanftes Vibrieren die Pause.

Ruheräume für den Mittagsschlaf gibt es in Deutsch-land bei der Bausparkasse (!) Schwäbisch-Hall, dem Heizungshersteller Vaillant, der Lufthansa und den Mitarbeitern der Gemeinde Vechta. Deren Beispiel wäre 2007 auch gerne die Stadt Peine gefolgt. Bürgermeister Michael Kessler war ein überzeugter Mittagsschläfer und wollte auch den kommunalen Angestellten diese Möglichkeit des Energie-Nickerchens bieten. Doch die Amtsleiter schmetterten die Idee ab, offenbar aus Angst, lebendige Beamtenwitze zu werden ... Treffen sich zwei Beamte auf dem Flur, sagt der eine: »Kannst du auch nicht schlafen?«

Einig sind sich die Forscher, dass der Mittagsschlaf nicht zu lange dauern sollte, maximal zwanzig bis dreißig Minuten, weil man sonst in die Tiefschlafphase fällt, woraus der Körper nur schwer wieder in den Normalbetrieb findet, weil er dann schon auf Nachtmodus geschaltet hat. Es gibt mehrere Tricks, dies zu verhindern. Entweder einfach einen Wecker stellen oder vor dem Nickerchen eine Tasse Kaffee trinken. Das belebende Koffein wirkt erst nach einer halben Stunde als Muntermacher. Alternativ nimmt man einen Schlüsselbund in die Hand, der beim Eintreten der Tiefschlafphase, wenn sich die Muskeln lösen, auf einen Teller fällt. Der spanische Maler Salvador Dalí soll diesen Trick mit einem Löffel angewendet haben. Von Friedrich dem Großen heißt es, dass er seinen heiligen Mittagsschlaf beendete, indem er einen Apfel in die Hand nahm. Als der auf den Boden plumpste, mussten seine Diener ihn aufwecken.

Was früher ganz spießig als Mittagsschlaf bezeichnet wurde, heißt modern übrigens Power Napping, funktioniert auch prima am Schreibtisch und wirkt wie ein natürliches Aufputschmittel, rezeptfrei und ganz ohne Nebenwirkungen. Und so geht's: Lassen Sie den Bürostuhl herunter, schließen Sie die Augen, legen Sie den Kopf entspannt auf die verschränkten Arme, atmen Sie tief und ruhig und Sie werden schon balafkjlfsalföjf löljfaslflasöfkljo …

MITTAGESSEN –
RETTET DEN SONNTAGSBRATEN!

Schon der Schweizer Kaufmann Julius Michael Johannes Maggi hat Ende des 19. Jahrhunderts festgestellt: Das Mittagessen steckt in der Krise. Die Fabrikarbeiter mussten damals lange und hart arbeiten, für anständige Mahlzeiten fehlten Küche, gute Zutaten und vor allem die nötige Zeit für die Zubereitung. Das warme Mittagessen wurde häufig ersetzt durch Hochprozentiges – mit entsprechenden gesundheitlichen Folgen für die arbeitende Bevölkerung. Herr Maggi erkannte das Problem und brachte zusammen mit dem Mediziner Fridolin Schurer 1886 mit dem aus heutiger ernährungswissenschaftlicher Sicht bedenklichen Slogan »Wer schneller arbeitet, muss auch schneller essen« die erste Fertigsuppe aus Gemüsemehl auf den Markt. (Mit ähnlicher Argumentation lud mich kürzlich ein Chefredakteur zum Mittagessen in seiner Verlagskantine ein, fünfzehn Minuten vor Beginn der Redaktionskonferenz und mit den Worten: »Sie waren doch Nachrichtenjournalist, dann können Sie auch schnell essen.«)

Maggis Erfindung hat vielleicht die europäische Küche revolutioniert, die kulinarische Situation der Berufstätigen aber kaum verändert. Jeder dritte Büroarbeiter isst sein Pausenbrot am Schreibtisch, jeder Vierte verzichtet ganz aufs Essen. Im Durchschnitt gönnt sich der Schreibtischtäter gerade mal zwanzig Minuten Mittagspause, was nur für einen schnellen Gang zum Bäcker an der Ecke reicht. In den Chefetagen sieht es nicht besser aus: Bei einer Umfrage unter fünfhundert Managern gab mehr als die Hälfte an, nicht regelmäßig Mittagspause zu machen.

Als besonders cool und wichtig gilt, wer auch seine Essenszeit so effektiv nutzt, dass er Businessgespräche in die Kantine verlegt oder das Mittagessen durch die Häppchen auf dem Konferenztisch ersetzt und sich dem traditionellen Gruß »Mahlzeit« der Kollegen verweigert. Wer im dunklen Anzug in die Kantine geht, die dann »Casino« oder »Business-Restaurant« heißt, antwortet mit einer arroganten Attitüde »Guten Appetit« oder »Guten Tag«, wenn freundliche Mitarbeiter ihm gut gelaunt entgegenträllern: »Mahlzeit!«

»Das Mittagessen ist eine wichtige Pause im Arbeitstag, diese Zeit sollte man schützen«, sagt der Koch Sebastian Dickhaut, der die lobenswerte Initiative »Rettet das Mittagessen« ins Leben gerufen hat und eine entsprechende Website betreibt. Er plädiert dafür, dem Essen echte Aufmerksamkeit zu widmen und sich nicht während der Zeitungslektüre oder dem Herumtippen auf dem Smartphone jeden Mist reinzuschieben. Denn nur wer ohne Ablenkung isst, spürt die Sättigungssignale des Körpers nicht erst dann, wenn er längst zu viel gegessen hat. Kein Wunder, dass in einer Umfrage zweiundvierzig Prozent der Befragten angaben, sich nach dem Mittagessen regelmäßig vollgestopft zu fühlen. Dass späte Mahlzeiten ungesünder sind als ein geregeltes Essen zur Mittagszeit, liegt ohnehin auf der Hand.

Allerdings steckt das Mittagessen nicht nur in der Berufswelt in einer existenziellen Krise. Auch in der Freizeit verschwindet der gute alte Sonntagsbraten und weicht einer Unsitte, die als Mischung aus Frühstück (Breakfast) und Mittagessen (Lunch) mit dem Unwort »Brunch« bezeichnet wird: Der Brunch ist eine institutionalisierte Unverbindlichkeit: Man kommt und geht, wann man will, und muss sich auf nichts und niemand festlegen. Es ist eine Art Stehimbiss mit Hinsetzen. Von Marmeladenbrötchen bis Spiegelei mit Speck und Sahnetorte ist alles möglich. Man schaufelt bis zum Gehtnichtmehr, all you can eat mit Fress-Flatrate für die Generation »to go«, die zwar Kochsendungen schaut, sich aber von Tiefkühlkost ernährt.

Auch in der heimischen Küche bleibt am Sonntag der Herd oft kalt, seitdem der Tagesablauf nicht mehr durch den obligatorischen Kirchgang bestimmt wird und man bis in die Puppen ausschlafen kann. Welche Hausfrau – und welcher Hausmann – beherrscht heute noch die Kunst, einen zünftigen Sonntagsbraten auf den Tisch zu zaubern, der das Essen zu einem Erlebnis, ja zum kulinarischen Höhepunkt der Woche macht? Gegen das Aussterben des Sonntagsbratens engagieren sich heute auch die Nachfahren von Herrn Maggi: Mit dem »Maggi Fix Sauerbraten« steht das Festmahl nach gut zwei Stunden auf dem Tisch. Mahlzeit!

131

IM SITZEN PINKELN – DIE GOLDENE REGEL FÜR SOZIALVERTRÄGLICHES URINIEREN

Der Sitzpinkler genießt wegen seines Verhaltens erstaunlicherweise gleichermaßen Verachtung wie Anerkennung, Letzteres vor allem von dem Teil der Bevölkerung, der für die hygienische Instandhaltung der sanitären Anlagen im eigenen Wohnbereich zuständig ist. Genauer betrachtet, herrscht ab einem gewissen Bildungsniveau eigentlich ein breiter gesellschaftlicher Grundkonsens darüber, dass Klos nicht vollgespritzt werden sollen. Und die simple Mahnung »Die Toilette sollte so hinterlassen werden, wie sie vorgefunden wurde« – verbunden meist mit der Aufforderung, die Klobürste zu benutzen –, ist nichts anderes als die alltagstaugliche Umsetzung der »Goldenen Regel« (»Regula aurea«), ein ethischer Grundsatz, der sich bei Konfuzius ebenso findet wie im Hinduismus und bei Jesus Christus und der besagt, dass man seinen Mitmenschen so behandeln soll, wie man selbst behandelt werden möchte. Oder im Umkehrschluss als Volksweisheit: »Was man nicht will, was man dir tut, das füg auch keinem andern zu.« Und noch konkreter: Wer ein sauberes Klo aufsuchen will, sollte dies auch seinem Nachfolger ermöglichen. So weit, so simpel.

Doch warum scheint es in den Köpfen vieler Männer fest verankert zu sein, dass nur ein Stehpinkler seine Männlichkeit wirklich beweist? Aber wem eigentlich? Beim Wasserlassen schaut gewöhnlich niemand zu. Es soll allerdings Männer geben, die behaupten, ihr Geschlechtsteil würde im Wasser hängen, wenn sie auf einer Toilette säßen. Für ihr Selbstwertgefühl und ihre Überlegenheit scheint es jedenfalls bedeutsam zu sein, sich jederzeit und überall erleichtern zu können, während eine Dame sich im akuten Notfall schamhaft hinter einem Busch verstecken muss.

Warum also pinkeln Männer im Stehen? Weil sie es können? Und weil es die Steinzeitmenschen vermutlich auch gemacht haben, weil im Neandertal noch keine Dixi-Klos aufgestellt waren? Im weiteren Verlauf der Menschheitsgeschichte war es immer so, dass Männlein und Weiblein in unterschiedlichen Körperstellungen uriniert haben. Erstaunliches berichtet der antike griechische Geschichtsschreiber Herodot über die Gewohnheiten im alten Ägypten: »Frauen lassen ihr Wasser im Stehen, die Männer im Sitzen.« In einem Buch von Gabriel Garcia Márquez heißt es: »Das Klosett muss jemand erfunden haben, der nichts von Männern versteht.« Ob der Literaturnobelpreisträger im Sitzen oder im Stehen pinkelt, ist noch nicht der breiten Masse bekannt. Offener geht Matthias Schweighöfer mit seinen Klo-Gewohnheiten um. Zwar hat der Schauspieler noch keinen Nobelpreis, dafür aber den Bambi, die Goldene Kamera und den Deutschen Fernsehpreis. Das reicht, um seinem in der *Bild* veröffentlichten Bekenntnis Relevanz zu verleihen: »Ich bin ein Stehpinkler.« Will er damit öffentlich sein Image als Milchgesicht des deutschen Films bekämpfen? Wenige Monate nach seinem Stehpinklerbekenntnis machte Schweighöfer übrigens in derselben Zeitung Schlagzeilen mit der Nachricht, dass er wieder Single sei. »Auch wenn es schwerfällt, so muss ich leider feststellen, dass es uns nicht gelungen ist, unsere Beziehung zu erhalten«, sagte Schweighöfer dem Blatt. Es wird nicht berichtet, wer in Schweighöfers Beziehung für das Kloputzen zuständig war.

Der gewiss nicht als spießig geltende Schauspieler Ben Becker hat auch die Goldene Kamera, den Adolf-Grimme-Preis und den Bayerischen Fernsehpreis. Das verleiht ihm das Selbstbewusstsein – ohne den Verlust seiner Männlichkeit zu befürchten –, ausgerechnet im Interview mit dem Männermagazin *Playboy* zu bekennen: »Sitzpinkeln mache ich von Haus aus. Grundsätzlich.« Und nicht nur das: Er berichtet, wie er daheim Besucher mit versteckter Kamera überführte, sich trotz Aufforderung stehend zu erleichtern. Ähnlich drakonisch soll es im alten Rom zugegangen sein, wo Sklaven den Löwen vorgeworfen wurden, wenn sie es wagten, ihren Strahl gegen ein Patrizierhaus zu richten. Auch auf anderen Kontinenten wird das Thema heiß diskutiert: Der taiwanesische Umweltminister Stephen Shen brach jüngst eine Lanze für genervte Putzkräfte und rief seine Landsmänner auf, im Stehen zu urinieren; er selbst wolle mit gutem Beispiel vorangehen. Ein Leserbriefschreiber reagierte in einer Zeitung mit den Worten, man müsse sich fragen, wann dieser hirngeschädigte Politiker anfange, einen Rock zu tragen.

Die TV-Moderatorin Enie van de Meiklokjes – von

ihr sind bis Drucklegung dieses Buches keine Fernseh-
preise bekannt – verriet in einem Fragebogen, was sie als
Mann gerne machen würde: »Im Stehen pinkeln.« Dabei müsste sie wissen, dass das Stehpinkeln rein tech-
nisch keine Männerdomäne mehr sein müsste. In einer
Frauenklinik habe ich mit eigenen Augen gesehen, wie
auf dem Unisex-Klo die Brille hochgeklappt war – nachdem eine Frau die Kabine verlassen hat. Des Rätsels
Lösung heißt Urinella und ist ein Papiertrichter, der es
auch Frauen – zum Beispiel auf Festivals mit vielen Be-
suchern und wenigen WC-Häuschen – ermöglicht, Män-
ner-Pissoirs zu benutzen. Doch es gibt Dinge, die will
man sich gar nicht genauer vorstellen. Und schließlich
geht es hier um die Frage, die sich viele Frauen stellen
und in einschlägigen Online-Foren offenherzig diskutie-
ren: »Wie kann ich meinem Liebsten klarmachen, dass
ich ihn zwar supertoll finde, aber trotzdem will, dass er
sich hinsetzt?«

Vielleicht hilft die Aufklärung eines Urologen, der mit
einem weit verbreiteten Gerücht aufräumt, nämlich dass
Stehpinkler gesünder leben, weil angeblich beim Sitzpinkeln kleine Mengen Urin in der Harnröhre verbleiben,
die schlimmstenfalls Krebs auslösen könnten. »Es gibt
keine medizinischen Einwände gegen die sitzende Hal-
tung beim Wasserlassen«, sagt Dr. Wolfgang Bühmann
vom Bundesverband der Urologen, der auch dafür plädiert, kleine Jungs zu Sitzpinklern zu erziehen. Auf der
Seite www.prostata.de findet sich ein Beitrag der Mediziner Prof. Dr. J. Sökeland und Dr. Hubert E. Weiß, die
zu dem Schluss kommen: »Uns ist keine wissenschaftliche Untersuchung bekannt, die belegen oder auch nur

einen Hinweis darauf geben würde, dass die Körperhaltung beim Wasserlassen kurz- oder langfristig einen Einfluss auf Organfunktionen hat: Weder auf die Blasenentleerung noch auf die Stärke des Harnstrahls (der unterstützende Druck der Eingeweide auf die Blase dürfte gleich sein) oder gar auf die Prostata- oder Sexualfunktionen.« Sie raten sogar dringend zum Sitzpinkeln, und zwar aus unfallchirurgischer Sicht: Die Verletzungsgefahr im Stehen ist bei einem Sturz wesentlich höher!

Was auf dem Klo in welcher Körperhaltung passiert, ist eindeutig Privatsache. Und wer sich selbst seine Coolness auf dem WC stehenderweise beweisen muss, der soll das tun, wenn seine Männlichkeit es ihm anschließend nicht verbietet, einen Putzlappen in die Hand zu nehmen.

DIE PARTY ALS ERSTER VERLASSEN

Es ist cool, Kinder zu haben. Und es gibt viele Situationen, in denen ich meine Kinder beneide. Zum Beispiel, wenn sie auf eine Geburtstagsfeier eingeladen werden. In der Einladungskarte wird genau mitgeteilt, dass die Party um 14.30 Uhr beginnt und um 18 Uhr endet. Und wenn das Fest vorbei ist, werden alle zur gleichen Zeit abgeholt. Der coolste Gast war dann derjenige, der beim Schokokusswettessen den härtesten Magen bewiesen oder das beste Geschenk mitgebracht hat – und nicht, wer am längsten durchgehalten hat.

Wie kompliziert ist es da doch bei den Erwachsenen! So uncool wie man daherkommt, wenn man als Erster um Punkt 20 Uhr auf der Matte steht, so spießig ist auch derjenige, der vor Mitternacht in Aufbruchstimmung gerät, egal wie triftig die Gründe dafür auch sein mögen. Dabei gibt es tausend gute Gründe, eine Party vorzeitig als Erster zu verlassen: schlechte Musik, drohende Rauchvergiftung durch Nikotinabhängige, unsympathische Gäste, kein alkoholfreies Bier vorhanden, die Gespräche drehen sich im Kreis wie in einer Endlosschleife, der letzte Bus fährt um halb zwölf. Die meisten dieser Gründe jedoch werden von Gastgebern nicht widerstandslos akzeptiert oder würden – wohl zu Recht – als Beleidigung aufgefasst, zumal man am späten Abend kaum wichtige berufliche Termine vortäuschen kann, sofern man nicht zufällig Notarzt im Bereitschaftsdienst, Kriminalkommissar oder Theaterschauspieler ist. Bei manchen Partys weiß man, dass man nur aus dem gleichen Pflichtgefühl hingeht, aus dem der Gastgeber einen auch eingeladen hat. Bei anderen begleitet man bereitwillig seinen Partner zum runden Geburtstag von dessen Ex-Ex-Ex-Beziehung oder dessen Abteilungsleiter, was zur Folge hat, dass man mit niemandem Gesprächsthemen findet und nicht einmal den Gastgeber persönlich kennt. Und irgendwann wird es auch dem Langmütigsten zu mühsam, ein Gespräch mit »Und woher kennst du den Dieter?« zu beginnen, um es nach wenigen Dialogfetzen im Nirgendwo ausplätschern zu lassen, bevor das Gegenüber mit den Worten »Man sieht sich bestimmt später noch mal« die Plauder-Notbremse zieht und sein Blick schon am Salatbüfett klebt. Dann wäre man gerne der Leberkäse, der in der Mitte des Raumes steht und sich ganz unauffällig immer weiter dezimiert, bis er irgendwann völlig verschwunden ist und von niemandem vermisst wird.

Sicherlich haben wir alle in unserer Jugendzeit viel sinnlose Zeit auf noch sinnloseren Festivitäten vergeudet, um experimentelle Erfahrungen darin zu sammeln, wie unterschiedlich sich Genever, Bier, Korn, Jägermeister und Kleiner Feigling auf den erwachsen werdenden Körper auswirken. Doch irgendwann kommt man in ein Alter, in dem man feststellt, dass Lebenszeit nicht endlos zur Verfügung steht und man sich überlegen sollte, sich

länger als für einen Höflichkeitsbesuch nötig einer überflüssigen Zeitfresserparty auszusetzen.

Früher bin ich auf solchen Partys so lange geblieben,
wie ich keine Gründe gefunden habe zu gehen. Heute
gehe ich dann, wenn ich keine Gründe mehr finde zu
bleiben. Inzwischen kann ich jederzeit mit einem mit-
leiderregend-bedauernden Gesichtsausdruck den Joker
ziehen, der sogar an Silvester vor Mitternacht funktioniert: »Der Babysitter kann leider nicht länger!« Es ist
wirklich cool, Kinder zu haben.

ÖPNV – DIE GROSSE FREIHEIT
MIT BUS UND BAHN

Wer rechtzeitig die Party verlassen will und den erzwungenen Aufenthalt unter Promillekünstlern und selbst ernannten Gesprächsakrobaten nicht unnötig in die Länge ziehen möchte, sollte ein bisschen Gehirnschmalz darin investieren, ab 22 Uhr die Abfahrtpläne des Öffentlichen Personennahverkehrs im Kopf zu haben. Denn wer in einer frostigen Dezembernacht vierzig Minuten an der nicht überdachten Behelfshaltestelle wartet, wünscht sich irgendwann vielleicht doch in die Gesellschaft von Dieters Leberkäse zurück.

ÖPNV hat wohl ungefähr den gleichen Uncoolnessfaktor wie Opel fahren. Wer mit Bus und Bahn unterwegs ist, setzt sich dem Verdacht aus, sein Flensburger Punktekonto überzogen oder sein Auto beim Pfandleiher zwischengeparkt zu haben. Ein Auto zu besitzen, gilt schon von Kindesbeinen an als Statussymbol. Es fängt an mit den Matchbox-Autos, die auf Teppichen hin und her bewegt werden, auf denen zwar Straßen, Kreuzungen, Feuerwehrstationen und Tankstellen gedruckt sind, wo aber die Parkplätze vergessen wurden, was wohl schon frühzeitig deutlich machen soll: Die Fahrt ist das Ziel. Ähnlich verhält es sich in Phase zwei mit den Bobbycars, in Phase drei mit funkferngesteuerten Formel-1-Flitzern und in Phase vier mit dem Golf-Cabrio, das zum achtzehnten Geburtstag noch vor der Führerscheinprüfung im Carport stehen sollte. Der hellbraune Lederbrustbeutel mit Sichtfenster für die Bus-Monatsmarke hat dann ausgedient. Denn Mobilität heißt für die meisten immer noch Autofahren. Und Autofahren heißt für die meisten – nicht nur die Angehörigen der legendären »Generation Golf« – immer noch Freiheit und Selbstbestimmung, während die armen Monatsmarken-Besitzer sich von festgelegten Zeiten in Fahrplänen versklaven lassen.

Doch ich finde: Das Gegenteil ist der Fall. Der ÖPNVler ist der eigentliche Freiheitsheld der Straße, weil er sich keine Gedanken um Parkplätze, Spritpreise, Inspektionstermine, Umweltzonen, Winterreifen oder vereiste Scheiben machen muss, sondern wann immer ihm danach ist in das nächste öffentliche Verkehrsmittel einsteigen und losfahren kann.

Und dafür bezahle ich auch gerne einen angemessenen Preis, selbst wenn eine stochastische Untersuchung die Gefahr, beim Schwarzfahren erwischt zu werden, zu einem kalkulierbaren Risiko machen würde. Doch wenn ich einen Fahrschein löse   übrigens ein viel schönerer Ausdruck als »kaufen« –, dann leiste ich damit gerne meinen Beitrag für den Erhalt des Streckennetzes, für die Renovierung von Wartehäuschen und die Reparatur des S-Bahn-Stellwerks, das hoffentlich irgendwann mal eine Woche lang ununterbrochen störungsfrei funktioniert – ja, und auch für die Gehälter der vielfach beschimpften Kontrolleure, die mit ihren Großraum-Razzien unter Einsatz ihrer körperlichen Unversehrtheit die schwarzen Schafe überführen, die zwar die Bequemlichkeiten des ÖPNV gerne für sich in Anspruch nehmen, aber die Kosten für den Fahrschein lieber für einen Liter Superplus-Benzin ausgeben.

Meinen Kadett habe ich schon vor vielen Jahren verkauft, und inzwischen habe ich mich an die mitleidigen Blicke gewöhnt, wenn ich mit dem grell rot-weiß lackierten Carsharing-Corsa vorfahre. Doch die Blicke werfe ich ebenso mitleidig zurück, wenn ich im ebenso rot-weiß lackierten ICE zwischen München und Nürnberg aus dem Abteilfenster auf die A9 blicke und die supercoolen Autofahrer im »zähflüssigen Verkehr« vorankriechen sehe, während ich einen genüsslichen Schluck Filterkaffee aus dem warmen Pappbecher nehme. Gute Fahrt!

GANZ VON DER ROLLE – TAPETENWECHSEL

Spätestens in den Siebzigerjahren hat sich die Tapete mit psychedelischen Blumenmustern und orange-braunen Ornamenten ihren Ruf ruiniert. Neben dem Nierentisch, der Schrankwand, dem Schwarz-Weiß-Röhrenfernseher und furchtbaren Frisuren stellt die gemusterte Tapete in alten Fotoalben das vergilbte Schreckensbild längst vergangener Tage dar, von denen man hofft, dass sie niemals wiederkommen.

Aus Rebellion gegen die innenarchitektonische Geschmacksverirrung der Eltern hat in der folgenden Generation der Dispersionsfarben-Minimalismus Einzug in die mit Parkett ausgelegten Neubauwohnungen gehalten, wobei ein Eimer weißer Farbe genügte, um einem gemütlichen Zimmer den Charme eines Eisschranks zu verleihen. Da sitzt man dann und schaut vor die weiße Raufaser-Wand, wie sie im Krankenhaus oder in der Ausnüchterungszelle nicht weißer sein könnte. Ein Raum ohne Tapete ist emotionslos, leer und kalt.

Die Tapete hingegen macht aus vier Wänden ein Zuhause. Sie hält Erinnerungen fest, sie ist ein Spiegelbild der Bewohner. Und nicht nur das: »Tapetengeschichte ist immer auch Menschheitsgeschichte«, sagt Astrid Arnold, die Sammlungsleiterin des Deutschen Tapetenmuseums in Kassel – das nach einem Umzug leider erst 2015 wieder eröffnet.

Ihren Ursprung hat die Tapete in den Wandteppichen des Orients, die bis ins 18. Jahrhundert »türkische Tapeten« genannt und von den reichen Menschen auf ihren Reisen von Schloss zu Schloss mitgenommen wurden. Später waren vergoldete Ledertapeten modern, danach Tapeten aus Pergament. Im 17. Jahrhundert etwa lagen chinesische handbemalte Tapeten im Trend, die sich nur die Betuchten leisten konnten. Erst die Erfindung der Rollenware auf Papier machte die Tapete für den Mietsblockbewohner erschwinglich. 1799 ließ sich der französische Papiermacher Nicolas-Louis Robert eine Maschine zur Herstellung von Endlos-Papierrollen patentieren, die bald für die Produktion von Wandtapeten unentbehrlich wurde.

Auch heute gibt es noch handgefertigte Edeltapeten, die bis zu hundert Euro kosten. Pro Quadratmeter – und damit mehr als eine Eigentumswohnung in Hoyerswerda. Doch auch die Fabrikware macht eine tapezierte Wohnung gemütlich und bietet individuelle Möglichkeiten der Raumgestaltung: Warme Farben lassen ein Zimmer kleiner wirken und sorgen für ein heimeliges Ambiente. Auch ungünstige Grundrisse, Lichtverhältnisse oder Deckenhöhen sind mit einer guten Tapete korrigierbar: Ein waagerechtes Muster lässt einen hohen Raum niedriger erscheinen, helle Tapeten und kleine Muster lassen das Zimmer größer wirken. In Verbindung mit dem richtigen Licht kann ein Tapetenwechsel neue Lebensfreude bringen. Die Tapetenhersteller haben in Sachen floraler Detailfreude und Ornamentik einiges zu bieten, von nostalgisch bis progressiv, von minimalistisch bis opulent. Tapeten sind auch im Cyberspace präsent: als Tapeten-Blog, Tapeten-Tweets, Tapeten-App oder als Facebook-Seite mit über tausend Fans.

Sogar die als Gipfel der Spießigkeit verschriene Fototapete bietet heute im Zeitalter des Digitaldrucks Möglichkeiten, die nichts mehr mit Tante Liesels Strandkitschpanorama oder Onkel Günthers Alpenlandschaft zu tun haben. Im Laserdruckverfahren kann eine Vlies-Tapete mit individuellen Fotos bedruckt werden, was es einem einsamen Junggesellen sogar ermöglicht, sich mit einer Bildtapete eine hübsche Mitbewohnerin in die Singlewohnung zu zaubern. Tapeten veredeln Wände, um nicht zu sagen: Eine neue Tapete ist wie ein neues Leben!

FONDUE – DAHINSCHMELZEN
UND GENIESSEN

»Daheim sitzen und stundenlang Fondue essen finden wir ziemlich spießig«, sagen die blonden Teenies
Vanessa und Marina in einer Straßenumfrage der *Fran-
kenpost*. Das sagen sie wohl nicht, weil beim Fondue das
Essen aufgespießt wird. Sie wollen lieber dort sein, »wo
etwas los ist«, und geben damit eine Stimmung unter
Neokulinaristen wieder, für die Fondue das Käsebrot
unter den warmen Gerichten ist: unsexy und uncool wie
Himbeerbowle und Eierlikör. Und nicht nur das: Gastgeber, die zum Fondue – oder Raclette – einladen, gelten
auch noch als geizig und faul, weil die Vorbereitungs-
zeit gegen null tendiert und die Zutaten äußerst geld-
beutelschonend sind: Da steht man zehn Minuten in der
Küche, und in drei Stunden ist alles weggegessen, lautet
das Raclette-Paradoxon.

Dabei ist Fondue ein demokratisches Essen, das alle
Beteiligten vor der Peinlichkeit bewahrt, dass etwas auf-
getischt wird, das für den Gast ungenießbar erscheint.
Außerdem begibt sich der Koch nicht in die Gefahr, dass
vor Aufregung und mangelnden Kochkünsten in letzter Minute das Schlemmermahl im Ofen verbrennt und

kurzerhand der Pizza-Notruf gewählt werden muss. Da jeder seine kleinen Portionen selbst zubereitet und die Zutaten auswählt, können Vegetarier genauso beglückt werden wie Gäste mit Paprika-Allergie oder Pilz-Phobie. Egal ob Rind, Kalb, Geflügel, Meeresfrüchte, Zucchini, Fenchel, Garnelen, Lachs, Seeteufel oder Schokolade – beim Fondue ist für jeden Geschmack etwas dabei, und wer's gesünder mag, stellt statt heißem Fett eine kochende Gemüsebrühe auf den Tisch. Kalorienarmes Fondue kann man übrigens auch hervorragend im Wok zubereiten.

Dass Fondue ein kommunikatives Essen ist, wird häufig behauptet. Tatsächlich beginnt die Kommunikation schon bei der Auswahl der Spieße und endet noch lange nicht, wenn Fleischklumpen im Fett ertrinken und dafür die obligatorischen Strafen ausgerufen werden, wie es schon in der gallischen Literatur vorgemacht wurde: In *Asterix bei den Schweizern* findet im Palast des Feistus Raclettus eine Orgie statt, in deren Mittelpunkt ein Kessel mit geschmolzenem Käse steht, worein jeder sein Brot tauchen muss. Wer sein Brot im Käse verliert, wird mit Stock- und Peitschenhieben bestraft und beim dritten Mal mit einem Gewicht an den Füßen im Genfer See versenkt.

So weit muss es nicht kommen, als Höchststrafe reicht auch, nach dem Mahl das Geschirr in der Küche abzuwaschen.

Fondue ist wie Kaffeekränzchen am Abend oder Lagerfeuer-Romantik im Wohnzimmer. Wenn der Käse kocht und sein einzigartig würziges Aroma im Raum verbreitet, sieht man die Hirten vor sich, die vor Jahrhunderten in den einsamen Schweizer Tälern über dem offenen Feuer ihre selbst gemachten Käselaibe schmelzen ließen. Vom französischen »fondre«, das schmelzen bedeutet, kommt der Begriff Fondue. Eine verwandte Art ist der sogenannte Tartarenhut, ein kegelförmiger Tischgrill, der mongolisches Grillvergnügen ins heimische Wohnzimmer holt.

Aber kommen wir noch mal auf Vanessa und Marina zurück, die vermutlich statt gemütlichem Fondue-Abend lieber irgendwo coole Jungs aufreißen möchten. Wenn's dann aber zum ersten Date kommt, sollten sie sich bewusst sein, welches Essen die meisten Jungverliebten bevorzugen. Eine Umfrage des führenden Meinungsforschungsinstituts Elitepartner unter siebentausend Partnersuchenden ergab, dass Currywurst und Hackbraten für das erste Date als völlig unsexy gelten. Auf Platz eins, noch vor Sushi und Pizza, steht jedenfalls mit Abstand: Fondue! Vanessa und Marina sollten schon mal den Käse heiß machen.

NEUBAU – WIDER DEN ROTEN KNOPF UND STUCKDECKENKULT

»AB, Pk«, diese Abkürzungen für »Altbau« und »Parkett« in Immobilienanzeigen lösen bei individualistischen Wohnungssuchenden gewöhnlich einen Sofortmietreflex aus, der durch Ergänzungen wie »Stuckdecke«, »Kaminofen« noch verstärkt und den Hinweis »repbed.« für reparaturbedürftig selten gemildert wird. Denn: Altbau ist cool und verhält sich zum Neubau wie Basic zu McDonald's und Joop zu Kik. Knarzende Treppen, tropfende Wasserhähne, bröckelnder Putz, Eisblumen an den Fenstern und viele andere Mängel, die normalerweise zu einer Mietminderungsklage führen, gelten absurderweise im schicken Altbau als individuelle Note. Anschlüsse für Steckdosen, Internet und Kabelfernsehen sind 1912 beim Erstbezug logischerweise noch nicht berücksichtigt worden. Und dass der moderne Mensch des 21. Jahrhunderts gerne ein Bad benutzt, in dem auch ein zweiter Zahnputzbecher oder gar eine Eckbadewanne Platz finden, haben die Architekten der Gründerzeit noch nicht gewusst. Aber muss ich deshalb heute freiwillig in einem Heim wohnen, das auch als Kulisse für *Das Haus am Eaton Place* dienen könnte, wenn die Alternative eine Neubauwohnung mit Fußbodenheizung, offenem Wohn-Koch-Bereich, schallisolierten Fenstern, integriertem Rauchmeldersystem, Zentralheizung und einbruchsicherer Eingangstür ist?

Ich habe selbst eine Zeit lang in einem netten Altbau gewohnt. Es war sicher eins der schönsten Häuser im ganzen Viertel, doch von dem Anblick habe ich selbst nichts gehabt, als ich durch die doppelverglasten Sprossenfenster im Erdgeschoss auf die Büsche schaute, die sämtliches Tageslicht absorbierten. Unvergessen bleibt mir diese Altbauwohnung nicht wegen des romantischen Feuers im Kaminofen oder der Stuckdecken, sondern wegen des roten Plastikknopfs, der in weiser Voraussicht immer dann an der Elektrotherme gedrückt werden musste, wenn man beabsichtigte, innerhalb der nächsten achtundvierzig Stunden warm zu duschen oder einen Eimer mit heißem Putzwasser zu füllen. Seitdem ich nur dreihundert Meter weiter in einer Neunzigerjahre-Neubauwohnung lebe, weiß ich wie nie zuvor die Errungenschaften der modernen Zivilisation zu würdigen, wenn mir zum Beispiel mitten in der Nacht ganz spontan nach einem heißen Vollbad ist und auf Wunsch jederzeit heißes Wasser aus den Hähnen fließt.

Dies ist natürlich kein Plädoyer für den Abriss von Altbauten, auch wenn das angesichts von bis zu vier Meter hohen Räumen nicht nur ein Gewinn von mehr Wohnraum wäre, sondern auch einen Beitrag zur Heizkostensenkung und damit zur Rettung des Weltklimas darstellen würde. Aber ich wünsche mir, dass endlich mal niemand mehr die Nase rümpft, bloß weil ich bei der Wohnungssuche mehr Wert lege auf Komfort als auf

Kult, genau wie ich lieber an einem IKEA-Schreibtisch arbeite, der eigene Stellplätze für Monitor und Drucker hat, als an einem antiken Mahagoni-Sekretär, an dem ich stilecht nur mit Füllfederhalter schreiben könnte und meine Wirbelsäule ruiniere. Ich brauche in den eigenen vier Wänden keine Kunst am Bau und begnüge mich gerne mit den frühstückenden Schwarz-Weiß-Bauarbeitern auf dem Stahlgerüst, die ich bei Obi im Glasrahmen für 39,90 Euro bekomme. Ich will mich auch nicht mehr dafür rechtfertigen, dass ich einen selbstreinigenden Backofen mit Pyrolysefunktion und Elektroherd mit Induktionskochfeld benutze und nicht über offenem Feuer koche. Dafür kann ich nämlich Waschmaschine und Geschirrspüler gleichzeitig verwenden und muss keine Angst haben, dass die Stromleitung überlastet sein könnte und die Sicherung rausfliegt und wieder reingeschraubt werden muss. Mal abgesehen davon muss jeder stuckverliebte altbaubewohnende Weltverbesserer stets mit der Ungewissheit leben, ob sein Gründerzeithaus nicht mit unrechtmäßig erpressten französischen Reparationszahlungen finanziert wurde.

Immobilienexperten raten Altbaubewohnern, monatlich einen Euro pro Quadratmeter für Renovierungsmaßnahmen zurückzulegen. Dieses Geld investiere ich doch lieber in eine Fußbodenheizung oder zahle es als Umlage für einen funktionierenden Fahrstuhl oder den beheizten Trockenraum im Keller. Und wenn ich mal Lust auf vier Meter hohe weiße Wände habe, dann ist das nächste Krankenhaus zum Glück nicht weit weg.

SPIELEABEND – SOFT SKILLS
BEI SOFT DRINKS

»Der will nur spielen«, sagt man über einen gefährlichen, zähnefletschenden Kampfhund, um dessen Harm-
losigkeit zu versichern. Wer spielt, gilt als gemütlich,
umgänglich, sozialverträglich, er tut keiner Fliege etwas zuleide, lässt seine Aggressionen nur an den geg-
nerischen Spielfiguren aus und ist zu keiner größeren
Untat imstande, als sich mit einer durchsichtigen Plas-
tikfigur im Londoner Untergrund per »Black Ticket« als
Schwarzfahrer fortzubewegen oder sich von einer Ge-
fängniskarte direkt hinter Gittern beordern zu lassen,
ohne über Los zu ziehen und viertausend Mark einzu-
ziehen. (Ja, in meinem Monopoly-Spiel wird natürlich
noch mit Mark bezahlt, und ich weiß nicht, ob in den ak-
tuellen Versionen das Startgeld korrekt in 2045,17 Euro
umgerechnet wurde, was natürlich viel weniger klingt.)
Weder von Saddam Hussein, Osama Bin Laden, Adolf
Hitler noch Jack the Ripper ist überliefert, dass sie gesel-
lig »Mikado« oder »Fang den Hut« gespielt hätten.

Heutzutage wird das Spielen sogar von Karriere-Coa-
ches und Personalberatern zu den sogenannten Soft
Skills gezählt. Gesellschaftsspiele gelten als ideale Vor-

bereitung für ein Assessment Center: Man muss Regeln verinnerlichen, Zusammenhänge erkennen, flexibel reagieren und nach Lösungswegen suchen. Wer in »Catan« die längste Handelsstraße baut, ohne seine Freunde zu verlieren, wird auch im Berufsleben bald in die Recruitingprogramme für High Potentials aufgenommen. Umgekehrt liegt auch nahe, dass Absolventen eines Führungskräfteseminars, wo sie Teamfähigkeit und den Umgang mit Konkurrenzsituationen gelernt haben, anschließend bei »Zug um Zug« oder »Malefiz« unschlagbar sind. Wer bei »Mensch ärgere Dich nicht« (dem Spiel mit den drei Fehlern im Namen) damit umgehen kann, kurz vor dem Ziel rausgeworfen und auf Anfang gesetzt zu werden, ist gestählt für alle Widrigkeiten des Alltags und weiß auch, wenn sein Partner ihn überraschend vor die Tür setzt: Die nächste Sechs ist rasch gewürfelt. Beim Spieleabend zeigt jeder seinen wahren Charakter und offenbart, wie er mit Sieg und Niederlage umzugehen weiß. Darum fordern Experten inzwischen sogar, Spielen als Unterrichtsfach in der Schule einzuführen.

Was also spricht dagegen, auch als Erwachsener einem gemütlichen Abend einen spielerischen Rahmen zu geben und damit zu vermeiden, dass die Gesprächsthemen sich irgendwann im Kreis drehen oder die Zusammenkunft in ein sinnentleertes Vertilgen von Alkoholika abdriftet? Der Spieleabend beweist, dass ein unterhaltsamer Abend nicht von den TV-Programmmachern fremdgesteuert sein muss. Inzwischen gibt es auch schon zu diversen Fernsehfilmen von *Säulen der Erde* über Commissario Brunetti bis zu den Kluftinger-Allgäu-Krimis das passende Brettspiel. Und wer mit seinem Partner als Gegner einen Weltkriegsabend mit »Risiko« ohne Blutvergießen übersteht und es schafft, nach Spielende nicht länger als fünf Minuten Beziehungskrise zu haben, der kann schon mal die Gästeliste für die Silberhochzeit planen. Eine gesellige Runde »Therapy«, »Tabu« oder »Activity« ersetzt mühelos so manche Selbsthilfegruppe oder tiefenpsychologische Gesprächstherapie.

Zweifellos kann ein Spieleabend auch Freundschaften zerrütten: Mit meinem – ich muss sagen: ehemaligen – polnischen Freund Jaroslaw habe ich viele anfangs noch fröhliche Spieleabende verbracht, bis er es sich angewöhnte, immer häufiger mitten im Spiel irgendwelche Spezialregeln aus dem Hut zu zaubern – »Was ich ganz vergessen habe zu erklären …« –, die den sofortigen Sieg der roten – nämlich seiner – Spielfigur zur Folge hatten. Und der Verdacht, dass die polnischen Turteleien mit seiner Gattin Danuta in Wahrheit regelwidrige Absprachen mit gegenseitigem Nicht-Angriffs-Pakt darstellten, konnte nie wirklich ausgeräumt werden. Jaroslaws 99,9-prozentige Gewinnquote hat jedenfalls nachhaltig zu einer dramatischen Verschlechterung meines persönlichen deutsch-polnischen Verhältnisses geführt. Ich gebe zu: Irgendwann fanden die Spieleabende ohne osteuropäische Beteiligung statt.

Doch ein Spieleabend mit echten Freunden will gut vorbereitet sein. Die Regeln sollten sitzen, denn die kollektive Exegese der fünfzigseitigen Spielanleitung kann schnell stimmungstrübend wirken. Knabberzeug, Getränke und unauffällige Hintergrundmusik sorgen für den richtigen Rahmen. In einer Spielpause zwischen

»Siedler« und »Thurn und Taxis« liefert das Pizzataxi eine ausreichende Verpflegung, die gemütlich aus dem Pappkarton verspeist wird – damit nach der Spielorgie nicht noch eine Spülorgie folgt.

SAMMELN STATT GAMMELN

Das Sammeln gehört von Anbeginn zu unserer Natur. Die Urmenschen in der Steinzeit ernährten sich neben der Jagd durch das Sammeln von Pilzen und Pflanzen. Seitdem das Wild nicht mehr händisch erlegt werden muss, sondern in Form von flachen Fleischscheiben mit Gurke und Scheiblette zwischen weichen Brötchenhälften serviert wird, konzentriert sich die Sammelleidenschaft auf Happy-Meal-Spielzeuge und Klebebilder. Dabei spielt es keine Rolle, ob in der damals noch zukünftigen »Generation Golf« Panini-Fußballbilder von Paul Breitner, Horst Hrubesch und Hans-Peter Briegel sowie E.T.- oder Captain-Future-Bilder gesammelt wurden oder ob sie heute in der »Generation Nintendo« von Pokémon- oder Star-Wars-Karten ersetzt werden. – Dass dreißig Jahre nach der No-Future-Generation ausgerechnet Captain Future aus den Achtzigerjahren durch den in den Siebzigerjahren entstandenen *Krieg der Sterne* abgelöst wird, ist eine besonders ironische Form von *Zurück in die Zukunft*.

Wer aus dem Pokémon-Alter heraus ist, sammelt Swatch-Uhren, Briefmarken, Postkarten, Bierdeckel, Zippo-Feuerzeuge, CDs, Treueherzen, Bonusmeilen oder

Sportwagen – und damit auch Punkte in Flensburg. Anders als man meinen möchte, ist der Sammler kein autistischer Eigenbrötler, der sich in seinem Hobbykeller abschottet. Auf Flohmärkten, Auktionen, in Antiquariaten und Trödelläden sammelt er neben seinen Schmuckstücken vor allem eins: Sympathie.

Der Sammler ist das Gegenteil von einem Messie, denn er ist strukturiert, wählt aus zwischen Tand und Rarität, zwischen Original und Plagiat, strebt nach Perfektion und Vollständigkeit. Gewöhnlich hat er seine Sammelobjekte säuberlich katalogisiert und archiviert, weshalb ihm das systematische und analytische Denken auch das Leben in der Welt außerhalb seiner Alben und Setzkästen erleichtert.

Ich gebe zu, dass meine Sammelleidenschaft nie die Ausmaße erreicht und mir die nötige Disziplin gefehlt hat, um meine Bierdeckel oder Streichholzschachteln auf Ausstellungen zu präsentieren oder einem Verein beizutreten. Die Sammlung meiner Kasperle-Platten war zwar rasch vollständig, die Freude daran wird jedoch getrübt dadurch, dass ich seit Jahrzehnten niemanden gefunden habe, der die Platten mit mir anhören würde. Selbst meine älteren Kinder haben mich enttäuscht und bevorzugen leider die wenig inspirierten Hörspiele von »Käpt'n Sharky« oder »Prinzessin Lillifee«. Meine Autogrammkartensammlung enthält zwar Schmuckstücke von Rudi Carrell über Harald Schmidt bis Steffi Graf und Ronald Reagan, ist jedoch irgendwann an der Unmöglichkeit der Komplettierung gescheitert. Und auch die vom Großvater geerbte Briefmarkensammlung hätte ich gerne weitergeführt, indem ich die Umschläge der eingehenden Post aufhebe und die Marken in lauwarmem Wasser ablöse und auf Zeitungspapier trockne. Doch heutzutage landen selbst die Weihnachtsgrüße im E-Mail-Eingang, und gleichzeitig sammle ich immer mehr Facebook-Freunde. Wie oft stand ich in jungen Jahren vor der Wohnungstür, nach einem romantischen Abendessen mit einem schönen Mädchen, von dem ich mich dann unverrichteter Dinge verabschieden musste, weil ich keine Briefmarkensammlung zum Vorzeigen hatte. Vielleicht hätte ich es einfach mit meinen Kasperle-Platten probieren sollen!

ANSICHTSKARTEN SCHREIBEN –
URLAUBSGRÜSSE MIT PFEIL UND STIL

»Wetter ist toll, Hotel und Strand sind super, Essen ist hervorragend. Liebe Grüße aus Mallorca sendet Euch Harry.« Diese achtzehn Worte stellen den minimalistischen Standardtext für eine Ansichtskarte an die Verwandten dar. Der Text ist gewiss nicht originell, löst dennoch Freude und Fernweh bei den Daheimgebliebenen aus, weil es beim Kartenschreiben gar nicht um den Text geht, sondern um die Tatsache, in der Ferne an jemanden zu denken und für ihn ein bisschen Mühe, Zeit und die Spucke für eine Briefmarke übrig zu haben – auch wenn die Karte erst ankommt, wenn der Absender bereits wieder vierzehn Tage im Büro sitzt und urlaubsreif auf die nächsten Ferien wartet.

Die eigentliche Botschaft einer Grußkarte aus dem Urlaub kommt ohne Worte aus und steht auf der Rückseite: Meist kleinteilig sind mehrere Fotos wie in einer Collage nebeneinander montiert, auf denen die schönsten Plätze und Ausflugsziele der Urlaubsregion zu sehen sind, geschmückt mit der verschnörkelten Zeile: »Viele Grüße aus Phuket/Hawaii/St. Peter Ording.« Manchmal sind auf den Bildern Fahrzeuge oder Kleidungsstücke zu sehen, die seit Jahrzehnten nicht mehr im Straßenbild vorhanden sind, was aber darauf schließen lässt, dass die Urlaubsidylle seit Generationen unverändert ist. Und auf den Bildern, die den Strand oder die Hotelanlage zeigen, hat durch einen mit Kugelschreiber gemalten Pfeil und den Hinweis »Hier liegen/wohnen wir« ein industriell gefertigtes Massenprodukt rasch eine individuelle Note bekommen.

Ja, ich bin ein Freund von Ansichtskarten und sehe mich in guter Gesellschaft von Gleichgesinnten – die übrigens den feinen Unterschied kennen zwischen Bildpostkarte und Ansichtskarte. Dreiundfünfzig Prozent der Urlauber – das würde im Bundestag immerhin reichen, die Kanzlerin zu stürzen – schicken einer ganz neuen Umfrage zufolge ihre Urlaubsgrüße immer noch per Post und nicht elektronisch. Der Queen, dem Komiker Karl Valentin und dem einstigen Fuldaer Bischof Johannes Dyba wird eine Leidenschaft für Ansichtskarten nachgesagt, die in Fachkreisen seit Ende des 19. Jahrhunderts als Philokartie bezeichnet wird. 1894 wurde in Hamburg der erste »Sammlerverein für illustrierte Postkarten« gegründet. Im Altonaer Museum sind bis heute 1,5 Millionen Ansichtskarten archiviert. Wenige Jahre später gab es bereits einen »Allgemeinen Centralverband der Ansichtskartensammler« sowie mehrere Fachzeitschriften wie *Der Ansichtskartensammler* oder *Internationale Ansichtskarten-Revue*. Die vermutlich älteste bebilderte Postkarte der Welt ging 1840 in England auf die Reise und kam 2002 für umgerechnet fast fünfzigtausend Euro unter den Hammer. Die erste ganzseitig bebilderte deutsche Karte ohne Umschlag – eine Einladung zur Treibjagd – wurde vermutlich am 5. Dezember 1866 mit der Thurn-und-Taxis-Post von Westhofen nach Offstein geschickt. Erst sechs Jahre später wurden in Deutschland nicht von der Post hergestellte Motivkarten amtlich zugelassen. Die vermutlich erste in Massenproduktion hergestellte Grußkarte kam 1872 aus München mit der Aufschrift »Gruß vom Oktoberfest«. Experten benennen die Zeit zwischen 1897 und 1918 als das »goldene Zeitalter« des »Weltsports des Ansichtskartensammelns«. Erst danach ging die Zahl der Sammler rapide zurück.

Die nächste Krise der bebilderten Grußpostkarte brachte rund hundert Jahre später die Verbreitung der elektronischen Kommunikationsmittel mit sich. Der oben genannte Text passt bequem in eine SMS – wenn nicht, schreibt man »LG« statt »Liebe Grüße« –, die Botschaft muss nur einmal getippt werden und kann an beliebig viele Empfänger versandt werden, was pro Nachricht auch nicht mehr kostet als eine Postkartenbriefmarke. Und seitdem es überall auf der Welt Internet-Cafés gibt oder Smartphones, werden Urlaubsgrüße mit Handyfoto als Attachement ohne Herzblut verschickt, nicht einmal der Pfeil auf die Liegestelle am Strand kann eingefügt werden. Wenn mein Freund Ben alias Benjamin aus dem Urlaub alle zwei Tage einen mehrseitigen detailgenauen Tagebuchbericht an all seine E-Mail-Kontakte und Facebook-Freunde schickt, dann macht er sich damit zwar viel Mühe, aber persönlich angesprochen fühlt sich wohl keiner der vierundsiebzig Cc-Empfänger. Wohl die wenigsten Urlaubsgrüße per E-Mail oder SMS werden nicht nach kürzester

Zeit gelöscht, um im Posteingang oder Handyspeicher wieder Platz zu schaffen. Doch eine Ansichtskarte wird wohl kaum jemand sogleich im Altpapier entsorgen, nachdem sie im Briefkasten zwischen Telefonrechnung und Aldi-Werbung einen sehnsüchtigen Seufzer ausgelöst und für einen Augenblick Meeresrauschen und Tropensonne herbeigezaubert hat. Eine Weile hängt sie am Küchenschrank oder an der Pinnwand überm Telefon, wo sie ein bisschen Urlaubsstimmung verbreitet. Und wer nach vielen Jahren den Karton mit alten Grußkarten durchstöbert, der geht in Gedanken nicht nur auf eine Zeit-, sondern auch auf eine Weltreise.

In einem alten Agatha-Christie-Buch, das ich irgendwann in den Achtzigerjahren gelesen habe, fand ich neulich eine Ansichtskarte, die ich damals wohl als Lesezeichen verwendet habe – geschrieben von Menschen, die längst nicht mehr leben, die ich fast vergessen hatte. Es war wie ein unverhoffter Gruß aus einer vergangenen Zeit. Und vielleicht wird auch mein Hotel-Strand-Essen-Gruß mit Strandpfeilmarkierung aus Mallorca irgendwann in einer fernen Zeit jemanden an mich denken lassen. Und sei es nur der glückliche Käufer auf einer Versteigerung von analogen Offline-Raritäten aus dem 21. Jahrhundert.

ZITRONENTEEGRANULAT – GESCHMACKS-EXPLOSION DURCH INSTANT-PRALINE

Teetrinker sind ein eigenes Völkchen: Während Kaffee-trinker sich ihr Leibgetränk rund um die Uhr zuführen können, versammeln sich die Teetrinker zur Tea Time und zelebrieren ihren Genuss, indem sie ihre Trinkge-fäße vorheizen und mit selbst gehäkelten Kannenwär-mern für die richtige Temperatur sorgen. Doch Tee-trinker sind auch Separatisten, die sich in verschiedene bitter verfeindete Lager spalten und tee-ologische Glau-benskriege führen.

So teilen sich die Briten zum Beispiel auf in die Tif- und die Mif-Fraktion, also die Tea-in-first-Gruppe und die Milk-in-first-Befürworter, wobei die Tifisten von sich behaupten können, immerhin die Queen auf ihrer Seite zu haben. Egal ob Mif oder Tif: Wer sich für einen ech-ten Teetrinker hält und sein Teewasser von jenseits der Alpen importiert, lässt lose Teeblätter von heißem Was-ser übergießen – und hält ein Tee-Ei für ein unwürdiges Tee-Gefängnis und einen Teebeutel für eine widerwär-tige Erfindung der Fast-Food-Satanisten.

Aber es geht noch schlimmer, und es ist wieder mal an der Zeit, ein unzeitgemäßes Bekenntnis abzulegen: Ich trinke Zitronentee. Und zwar nicht etwa den aromatisierten Assamtee mit Hauch von Zitrus. Nein, es geht um die durchsichtige runde Plastikdose mit Schraubverschluss, die mit hellbraunen Granulatstückchen gefüllt ist. Vierhundert Gramm für 1,79 Euro.

Zitronenteegranulat macht süchtig und fällt nur deshalb nicht unter das Betäubungsmittelgesetz, weil die Industrie sich dumm und dämlich an den zahllosen Abhängigen verdient, die sich ihre Droge ganz legal in jedem Discounter beschaffen können. Es ist anzunehmen, dass Aldi, Lidl & Co. ihre Sonderangebote unter dem Einkaufspreis nur deshalb finanzieren können, weil die Millionen von anonymen Zitronentee-Junkies Tag für Tag unerkannt in die Läden kommen und sich unauffällig ihren Stoff besorgen, den sie im Einkaufswagen verborgen zwischen H-Milch und Tofu-Salami zur Kasse fahren.

Überzeugte Teetrinker würden sich vermutlich weigern, Zitronentee überhaupt als Tee zu bezeichnen, sondern eher als gefärbtes Zuckerwasser. Sie würden sogar abstreiten, dass sich in dieser getränkeähnlichen Flüssigkeit Spuren von Tee nachweisen lassen. Vielleicht haben sie sogar recht damit. Immerhin enthält das Granulat 0,2 Prozent Zitronenfruchtpulver und 1,3 Prozent Schwarzteeextrakt, der Rest ist wohl wirklich Vitamin Z wie Zucker. Aber egal. Nichts erfrischt und schmeckt so gut wie Zitronentee, egal ob heiß mit einem Löffel Honig gesüßt im Winter oder kalt mit Eiswürfeln im Sommer.

Sicherlich gehört Zitronentee nicht zu den Lieblingsgetränken von Ernährungsberatern, deshalb sind gegen den Durst wohl eher Apfelschorle und alkoholfreies

Bier zu empfehlen. Doch es geht ja nicht immer nur um das Durstlöschen, wie jeder Eierlikörtrinker bestätigen wird. Zitronentee ist ein Genussmittel, das in seinem ursprünglichen Aggregatzustand eine nicht gekannte Köstlichkeit darstellt: Wer schon mal einen Teelöffel Zitronenteegranulat auf der Zunge hat zergehen lassen und die Geschmacksexplosion erlebt hat, weiß, wovon ich spreche. Eine Instant-Praline, für die ich jede Patisserie links liegen lassen würde. (Und wer es noch nie getan hat, hat vermutlich auch noch nie einen Teelöffel in das Nutellaglas gesteckt!) Und um es frei nach Gotthold Ephraim Lessing zu sagen: »Ob ich morgen leben werde, weiß ich freilich nicht. Aber dass ich, wenn ich morgen lebe, Zitronentee trinken werde, weiß ich gewiss.«

SIEZEN: »YOU CAN SAY YOU TO ME – ONLY IF YOU ARE THE POPTITAN«

»You can say ›you‹ to me« ist ein historisch nicht beleg-
tes Zitat, das angeblich der einstige Bundeskanzler Helmut Kohl zu einem englischsprachigen Amtskollegen
gesagt haben soll. Es liegt allerdings nahe, dass diese
Anekdote von lustigen Witzbuchautoren erfunden ist,
schließlich zählt der Altkanzler gewiss nicht zu den Personen, die aus Gründen der Coolness allen und jedem
das »Du« anbieten, weil das locker wirkt und an das all-
zeit jugendhafte Gehabe des schwedischen Möbelhau-
ses mit den Gutvik-Betten erinnert. Der Slogan »Wohnen
Sie noch oder leben Sie schon?« klänge wohl wirklich
etwas gestelzt. Aber wenn ich auf deutschem Boden
eine Schrankwand oder eine Sitzgruppe kaufe, will ich
auch an der Kasse so behandelt und angesprochen werden, wie ich es als zahlender Kunde verdient habe. Und
wenn es bei IKEA heißt: »Bei uns wird nur der König gesiezt«, dann möchte ich daran erinnern, dass in Deutschland der Kunde König ist.

Dass die militanten Zwangsduzer von IKEA ihren Fir-
mensitz ausgerechnet in Holland haben, ist eine besondere Ironie der Geschichte. Denn unsere Tulpen züchten-

den und legal kiffenden Nachbarn gelten einerseits zwar als unkompliziertes Duz-Volk, zugleich war es dort aber bis vor wenigen Jahrzehnten üblich, sogar die eigenen Eltern zu siezen, wofür die Holländer das schöne Wort »vousvoyeren« verwenden im Gegensatz zu »tutoyeren« fürs Duzen. Und noch heute lässt sich der liebe Gott von den Niederländern vousvoyeren, wo es übersetzt heißt: »Unser Vater im Himmel, geheiligt werde Ihr Name!«

Es ist ein Quantensprung im Erwachsenwerden, wenn der Lehrer nach den Sommerferien plötzlich nicht mehr sagt: »Harry, du bekommst einen Eintrag ins Klassenbuch«, sondern: »Harry, Sie bekommen einen Eintrag in die Kursmappe.« Man spürt in diesem Moment: Der Führerschein und der erste Bausparvertrag sind in Reichweite, man ist auf dem Weg, als vollwertiges Mitglied der Erwachsenenwelt ernst genommen zu werden. Wenn man dann irgendwann von Gleichaltrigen standardmäßig gesiezt wird, dann fühlt sich das zunächst so an, als bekäme man im voll besetzten Bus den Invalidenplatz angeboten.

Die plurale Anrede war schon immer eine Form der Respektserweisung, wie ein Blick in die Geschichte zeigt. Machthaber und Adelige wurden im 8. und 9. Jahrhundert »ge-ihrzt«, also mit »Ihr« angesprochen. Im »Pluralis majestatis« haben die Könige sich selbst geehrt, indem sie von sich in der Mehrzahl sprachen. Das Duzen war nur innerhalb der einfachen Landbevölkerung üblich und stellt auch heute eigentlich nur unter Erwachsenen in bestimmten Milieus den Normalfall dar: Man duzt sich auf dem Sportplatz, an der Pommesbude, im

Fitnessstudio, im Rotlichtviertel oder auf Facebook, wo selbst die Kanzlerin nach dem Einloggen begrüßt wird: »Angela, was gibt's Neues?« Auch Berufsverbrecher drängen ihrer Kundschaft gewöhnlich das Du auf und sagen selten: »Nehmen Sie die Hände hoch, wenn Ihnen Ihr Leben lieb ist!« Unter Alpinisten gilt die Dreitausend-Meter-Regel, ab der alle gesellschaftlichen Konventionen und Formalitäten aufgehoben und alle per Du sind. Auf Golfplätzen ist es möglich, für die Dauer eines Wettkampfs das vorübergehende »Tages-Du« anzubieten, das ähnlich wie das unter Promilleeinfluss angebotene Weihnachtsfeier-Du am nächsten Tag zu vergessen ist, sofern es nicht unaufgefordert bekräftigt wird. Wohin es führt, wenn Kommunisten und Sozialisten sich duzen und »Genosse« zueinander sagen, hat die Geschichte gelehrt.

Die Duz-Mentalität, die sich in den Sechziger- und Siebzigerjahren auch bei uns breitgemacht hat, ist ein Sittenverfall, der nur scheinbar eine Liberalisierung verstaubter Anstandsformen darstellt, in Wahrheit aber von der Unfähigkeit der Respekterweisung zeugt.

Als ich meine Frau kennengelernt habe und wir noch ein rein berufliches Verhältnis zueinander hatten, waren wir selbstverständlich per Sie, was wir auch beibehielten, als Sympathie und Zuneigung wuchsen. Die vertraute Kommunikation in Verbindung mit dem höflichen »Sie« legte den Grundstein für eine Beziehung, die noch heute von Respekt und Wertschätzung geprägt ist. Wir fühlten uns ein bisschen wie die TV-Siezer Delling/Netzer oder Balder/von Sinnen und genossen es, die Spannung zwischen emotionaler Nähe und sprachlicher

Distanz immer größer werden zu lassen. Natürlich habe ich ihr dann doch irgendwann tollkühn das »Du« angeboten. Denn spätestens der Pfarrer hätte andernfalls vor dem Traualtar an der Ernsthaftigkeit unserer Absichten gezweifelt.

Ich mag es zwar gern im Dutzend billiger, aber ich muss das Duzen nicht immer billigen. Es gibt nur wenige erwachsene Menschen, von denen ich mich duzen lassen würde, ohne dass sie mich persönlich kennen. Einer von ihnen ist der sogenannte Poptitan Dieter Bohlen. Bei ihm stellte 2006 sogar das Hamburger Landgericht fest, dass es zu seinen augenscheinlichen Umgangsformen gehört, seine Gesprächspartner zu duzen. Bohlens »Du« gegenüber einem Polizeibeamten stelle daher allenfalls eine Unhöflichkeit dar, aber keine Beleidigung. Bei Bohlen würde ich also auch sagen: »You can say ›you‹ to me« – wenn diesem Witz nicht ein schweres sprachwissenschaftliches Missverständnis zugrunde läge. Denn so locker, wie es zunächst scheint, sind die vermeintlichen Jeden-Duzer in England nämlich gar nicht. Das »You« ist grammatisch nämlich die zweite Person Plural, heißt also auf Deutsch »Ihr«, die alte Form für die zweite Person Singular »thou« ist aus dem englischen Sprachgebrauch völlig verschwunden. Das bedeutet, sosehr sich unser »Du« auch auf das englische »You« reimen mag, dass die Briten nicht jeden duzen, sondern siezen! Sollte Helmut Kohl heute noch mal auf einen seiner englischsprachigen Weggefährten wie Margaret Thatcher oder George Bush treffen und sie beeindrucken wollen, müsste er also sagen: »You can say ›thou‹ to me!«

TEMPO, NEIN DANKE, EIN ANDERER STOFF SOLL ES SEIN

Haben Sie schon mal eine Hose aus der Waschmaschine geholt, in der sich noch ein Papiertaschentuch befand? Und haben Sie danach wochenlang kleine weiße Knödelchen aus Ihren Pullovern und Socken gepopelt? Dann wissen Sie, dass Stofftaschentücher nicht nur Stil haben, sondern auch praktisch sind.

Und jetzt kommen Sie mir nicht mit Umweltschutz. Mal abgesehen davon, dass ich noch von keiner Greenpeace-Kampagne zur Verbannung des Stofftaschentuchs gehört habe: Tempos werden zwar nicht aus tropischen Regenhölzern hergestellt, aber auch nicht aus Altpapier, sondern aus Zellulose. Die Tempo-Industrie behauptet, dass alle Zusatzstoffe auf Umweltverträglichkeit überprüft wurden. Aber wie glaubwürdig ist das, wenn im gleichen Atemzug behauptet wird, dass sich vergessene Papiertaschentücher in der Waschmaschine nicht auflösen? Allein im Tempo-Werk Neuss bei Düsseldorf werden täglich sieben Millionen Päckchen Taschentücher produziert. TÄGLICH! Das sind über 2,5 Milliarden Taschentücher pro Jahr. Und nur Tempo! Was ist mit den Softis, Kleenex, Tatüs und Ciens? Die landen alle vollgeschnäuzt auf der Mülldeponie oder in der Verbrennungsanlage. Die Höhe dieser Rotz-Papier-Berge möchte sich kein Mensch vorstellen.

Und was passiert mit den Stofftaschentüchern? Sie landen in der Waschmaschine. Klar, das kostet Wasser und Waschmittel. Aber haben Sie schon mal jemanden gesehen, der die Waschmaschine dafür anschmeißt, um einen Berg an Taschentüchern zu waschen? Natürlich nicht. Die Taschentücher fahren in der Waschmaschine so mit wie die Passagiere im umweltfreundlichen Linienbus, der sowieso von A nach B fährt. Da soll noch mal jemand behaupten, der moderne Spießer sei nicht auch Umweltschützer.

Doch der primäre Zweck der Stofftaschentücher liegt nicht darin, das Ozonloch zu stopfen. Stofftaschentücher zeugen von Geschmack und Stil. Gibt es etwas Edleres und Individuelleres als ein Taschentuch mit gesticktem Monogramm? Gibt es ein persönlicheres Geschenk als mit Motiven bedruckte Taschentücher in der Präsentbox? Kann man Tempos mit Goldrand versehen und mit Edelsteinen besticken? Der englische Feldherr John Churchill ließ im 18. Jahrhundert sogar eine im Parlament gehaltene Rede auf sein Taschentuch drucken. Vermutlich wäre Desdemona nicht von Othello wegen vermeintlicher Untreue erstochen worden, wenn sie ein Papiertaschentuch verloren hätte, das der Finder in den Mülleimer geworfen hätte, anstatt es Cassio zuzustecken. Aber das Drama wäre mit diesem Plot auch sicher kein Klassiker geworden. Und schon in der Französischen Revolution waren die »Schnäuzquadrate« ein Symbol für feinere Schichten: »Was, er schnäuzt sich nicht durch die Finger? Er hat ein Taschentuch – er muss ein Aristokrat sein«, heißt es in *Dantons Tod*.

Ich habe nichts gegen eine Box mit Kosmetiktüchern in Griffweite. Aber das Einstecktuch in meinem Sakko wird niemals ein Tempo sein.

ZAHNPFLEGE – BESSER MIT BECHER

Die ersten rund vierzig Jahre meines Lebens habe ich beim Zähneputzen zum Mundausspülen einen mit Leitungswasser gefüllten Plastikbecher benutzt – und mir nichts dabei gedacht. Ich war ganz sicher, dass das jeder andere Mensch im zivilisierten Mitteleuropa auch so oder ähnlich macht. Ich kann mich nicht mehr genau erinnern, wie das Gespräch im Freundeskreis auf das Thema Zahnpflege gekommen ist – und wie ich mich dazu hinreißen lassen konnte, von meinem blauen Plastikzahnputzbecher zu berichten. Seitdem bin ich Außenseiter, Einzelgänger, ein verschrobener Spinner mit einer – je nach Sichtweise – peinlichen oder liebenswerten Marotte. Natürlich gibt es auch Sympathisanten, die sich bemüßigt sehen, ihre dentalhygienische Fehl-Sozialisation offen zu bekennen und sich mit dem ausgegrenzten Zahnputzbecherbenutzer zu solidarisieren. Allerdings handelt es sich dabei meist um Gestalten, von denen man keine Solidaritätsbekundung wünscht und bei denen man sich nicht wundern würde, wenn sie gestrickte Unterwäsche trügen oder einen Wackeldackel auf der Hutablage spazieren führen.

Bis heute hat jedoch niemand einen schlüssigen

Grund nennen können, warum die Zahnputzbecherverwendung verwerflich sein sollte. Was soll daran unhygienisch sein? Okay, selbst im edelsten und teuersten Zahnputzbecher – ab einem Preis von zwanzig Euro ist im Fachhandel übrigens von »Mundglas« die Rede – bilden sich Kalkreste. Das liegt aber nicht an schmutzigen Zähnen, sondern an der Trinkwasserqualität. Oder hat sich schon mal jemand darüber beklagt, dass die bereits erwähnten teuren Luxus-Kaffeevollautomaten regelmäßig entkalkt werden müssen? Deshalb muss ein Zahnputzbecher regelmäßig gereinigt werden, weshalb für diese Zeit ein Ersatzbecher bereitstehen sollte. Denn – und da wären wir beim nächsten Grund, der das Utensil unentbehrlich macht: Wo soll sonst die Zahnbürste aufbewahrt werden? Der Zahnputzbecher ist der einzig sinnvolle, unentbehrliche Aufenthaltsort für die Zahnbürste.

Der Zahnputzbecher ist einer der wichtigsten Gebrauchsgegenstände im Alltagsleben: Mit ihm beginnt man den Tag, mit ihm beendet man ihn. Und man kommt ihm so nahe wie sonst nur dem Menschen, mit dem man auch sein Nachtlager teilt.

GENERATION MINIGOLF

»Wenn meine Freunde Minigolf spielten, hatte ich vier Frauen an einem Abend«, sagte der Rapper Bushido der *Süddeutschen Zeitung* und brachte damit pragmatisch auf den Punkt, was die *Hamburger Morgenpost* so formulierte: »Im Ranking der uncoolsten Hobbys dürfte sich Minigolf sicherlich nicht weit hinter Billard platzieren.«

Nun will ich hier nicht weiter hinterfragen, wie entspannend es wirklich ist, einen Abend mit vier Gespielinnen zu verbringen (mehr dazu im Kapitel »Heiraten: Trauschein macht glücklich und gesund«).

Minigolf ist jedenfalls mehr als ein piefiger Sonntagnachmittagszeitvertreib für Senioren oder Kindergeburtstage. Minigolf mit seinen elftausend Vereinsmitgliedern zählt zu den Präzisionssportarten und ist von der Kreisklasse bis zur Bundesliga organisiert, alle zwei Jahre finden Weltmeisterschaften statt; und der Deutsche Minigolf-Verband, der nicht in Berlin, Hamburg oder Frankfurt ansässig ist, sondern nicht ohne Grund im beschaulichen Bamberg, setzt sich sogar für die Zulassung als olympische Disziplin ein.

Dabei sein ist alles, deshalb ist Minigolf auch für die Millionen Freizeitspieler, denen es nicht um Medaillen geht, ein ideales Vergnügen, das nicht viel kostet, und bei rund viertausend Minigolfanlagen quer durch die Republik lässt sich auch meist ohne weite Wege ein Platz zum Spielen finden. Die Spielregeln diskriminieren nicht die Anfänger und chronisch Ungeschickten, denn auch der schlechteste Minigolfer kann sein Handicap nicht mit mehr als sieben Schlägen pro Bahn verschlechtern, ein Minigolfkrieg gilt als unwahrscheinlich.

Minigolfanlagen müssen auch nicht den verstaubten Charme der Fünfzigerjahre versprühen. Beispiel Frankfurt: In der Zeilgalerie eröffnete 2011 die einzigartige Indoor-Anlage »Minds on Minigolf«. Auf vierhundert Quadratmetern finden sich neun künstlerisch gestaltete Parcours, die etwa aus einem verlotterten Haushalt, einem mehrarmigen Plüschmonster, einer festlich gedeckten Tafel oder einer Kloschüssel als Einlochziel bestehen. Ihn habe an der Frankfurter City immer gestört, dass man dort außer Shoppen, Kaffee trinken und ins Kino gehen nichts Gescheites unternehmen könne, sagte der Initiator Michael Scharff, der vor dem Start seiner Indoor-Anlage mehrere Monate in einem thailändischen Kloster verbracht hat. Minigolf hält er offenbar zu Recht für etwas Gescheites.

Beispiel Berlin: Dort haben einige Jahre zuvor wohl die Werbestrategen Alf Arnold und Christoph Kamps ähnlich gedacht, als sie unweit des Rosa-Luxemburg-Platzes in einer Baulücke auf dem Gelände einer alten Lastwagenwerkstatt einen Freestyle-Minigolfplatz eröffneten. »Wir waren frustriert, dass in der Lounge-Kultur gepflegte Langeweile vorherrschte«, sagte Arnold, der einräumte, dass Minigolf zum Synonym für »Piefigkeit und Kleinbürgerlichkeit« geworden war. Deshalb gab es beim Freestyle-Minigolfen auch einen DJ, einen Barkeeper und eine Sandfläche mit Liegestühlen. Ein bisschen piefig ging es aber trotzdem zu: Denn wer spielen wollte, musste erst für sieben Euro Mitglied im Verein »Freunde des Minigolfs« werden. Vereinsmeierei kann auch cool sein. Leider gab es den hippen Minigolfplatz nur ein halbes Jahr lang, bevor die Baulücke geschlossen wurde.

Nicht weniger cool geht es ebenfalls in Berlin auf einer Achtzehn-Bahnen-Indoor-Anlage in Kreuzberg zu, wo Schläger und Bälle mit fluoreszierender Farbe bearbeitet wurden und in fünf Räumen durch Farbe und Licht eine fantastische Kulisse von Brandenburger Tor über Unterwasserszenarien bis zu Wüsten- und Mondlandschaften entsteht. Das Minigolfen wird zu einem einzigartigen Erlebnis, aber ganz ohne Spießigkeit kommt man auch hier nicht aus: Kaugummis müssen ausgespuckt und die Füße abgetreten werden.

Wer auf Partnersuche ist, sollte den Minigolfplatz als Flirtstätte nicht unterschätzen. Auf der Singlebörse neuverliebendate.de finden sich über fünfzig Liebeshungrige – nicht alle sind hässlich und unvermittelbar, sondern zum Teil durchaus GNTM-tauglich –, die ausdrücklich Minigolf als ihr Hobby angeben.

Zugegeben, vermutlich trifft man beim Minigolf andere Frauen, als wenn man mit Bushido im Nachtleben unterwegs wäre. Aber auch Bushido hatte in dem *SZ*-Interview einen ehrlichen Moment, als er auf die Frage »Wären Sie lieber beim Minigolf dabei gewesen?« antwortete: »Ja, aber ich hätte das nie nach außen gezeigt.«

HAUSTIERE: VON KATZEN, MÖPSEN UND ANDEREN MITBEWOHNERN

Hund, Katze, Maus… Tiere brauchen ein Zuhaus. Ja, ich habe ein Herz für Tiere, soweit es meine Allergie gegen Hunde- und Katzenhaare erlaubt. Dass der Hund der treueste Freund des Menschen ist, ist eine Plattitüde, die ich hier nicht wiederholen will. Aber sie stimmt. Und das würden nicht nur die Jacob-Sisters und Paris Hilton bestätigen, sondern auch über fünf Millionen weitere Hundeherrchen und -frauchen, die mit ihren vierbeinigen Genossen weniger exaltiert in Erscheinung treten. Ob der Haushund vor fünfzehntausend Jahren oder sogar schon vor über hundertdreißigtausend Jahren domestiziert wurde, darüber streiten die Dog-Matiker. Sicher ist aber, dass Bello, Hasso & Co. die längste Geschichte als Haustiere haben, während Hansi, Pucki und die übrigen Wellensittiche uns erst seit dem 19. Jahrhundert als gefiederte Freunde Gesellschaft leisten.

Zu den beliebtesten Haustieren der Deutschen gehört die Katze. Auf zehn menschliche Bewohner kommt ein sogenannter Stubentiger. Ein Haustier zu halten, zu füttern und zu pflegen, ihm auch in Alter und Krankheit zur Seite zu stehen und ohne Murren die Tierarztrechnung zu zahlen, zeugt von Verantwortungsgefühl – das man idealerweise auch in mindestens gleicher Weise seinen menschlichen Mitbewohnern zukommen ließe. Schon Kinder können mit einem Hamster oder einem Meerschweinchen üben, Verantwortung zu übernehmen, indem sie das geliebte Tier nicht bei der nächsten Urlaubsreise an der Autobahnraststätte aussetzen. Sie lernen, dass (Tier-)Liebe auch Verzicht und Opfer bedeuten kann, dass die fütternde Hand auch mal undankbar zurückgewiesen oder gar gebissen wird. Und dass man von einem geliebten Wesen irgendwann auch für immer Abschied nehmen muss. Das alles bereitet ein Kind schon gut auf das richtige Leben vor, in dem es gewöhnlich anders zugeht als bei Lassie, Flipper, Kommissar Rex und Garfield.

Ein Haustier ist oft ein vollwertiges Familienmitglied mit eigenem Eintrag im Geburtstagskalender und zuweilen gar mit Namen über der Türklingel und Platz am Esstisch. Aber auch für einsame Herzen ist ein vierbeiniger Hausgenosse mehr als ein Mittel gegen das Alleinsein: Schüchterne Menschen leihen sich sogar beim Nachbarn oder im Tierheim einen niedlichen Hund für den Sonntagsspaziergang im Park aus, um sich so von anderen alleinstehenden Gassigehern in Gespräche über Rasse, Futter, Fellpflege und Verdauung verwickeln zu lassen und sich zu weiteren gemeinsamen tierischen und anderen Abenteuern zu verabreden. Und wer bei den regelmäßigen Spaziergängen mit Hund doch Single bleibt, hat wenigstens etwas für seine Gesundheit getan. Denn wer, statt einen Heimtrainer zu benutzen, ein vierbeiniges Fitnessgerät spazieren führt, der weiß genau, was es bedeutet, den inneren Schweinehund zu überwinden.

Ein Haustier macht aus seinem Herrchen nicht unbedingt einen besseren Menschen, wie Hitlers Schäferhündin Blondi historisch belegt. Und die siebzehn Hunde der Berufsblondine Paris Hilton, die angeblich in einer eigenen Villa wohnen, die eine exakte Kopie des Hauses der Hotelerbin darstellen soll, inklusive Klimaanlage und Wendeltreppe, verkörpern eine ebenso zweifelhafte Tierliebe wie die Ratten auf den Schultern merkwürdig frisierter Gestalten im öffentlichen Personennahverkehr, die niemals Fahrscheine lösen, weil sich kein Kontrolleur in ihre Nähe wagt. Auch Hundezüchter, die ihre Freizeit damit verbringen, von Wettkampf zu Wettkampf zu reisen und Pokale einzuheimsen, scheinen damit irgendwelche Defizite kompensieren zu wollen. Nur bei einer Hunderasse bin ich absolut sicher, dass der Besitzer immer – Gegenbeispiele sind mir nicht bekannt! – eine gemütliche und liebenswerte Gestalt ist, deren Mut zur faltigen Hässlichkeit besondere Sympathie verdient. Zu den prominenten Vertretern dieser Spezies gehört der Großmeister des Humors, Loriot, von dem der Satz überliefert ist: »Ein Leben ohne Mops ist möglich, aber sinnlos.« Und dass Hoffmann von Fallersleben neben der deutschen Nationalhymne auch ein Mopslied getextet hat, ist nur wenigen bekannt. Ein Lied, bei dem sich auch die erste Strophe heute noch ohne Skandal öffentlich singen ließe:

»Als unser Mops ein Möpschen war, da konnt er freundlich sein.

Jetzt brummt er alle Tage und bellt noch obendrein.

Heidu, heidu, heidalala.«

SPRUDEL IT YOURSELF – SELBST GEMACHTES TRINKWASSER

Stille Wasser sind tief. Klaus F. Schmidt ist ein stiller Mensch, der tief gefallen ist. »Multimillionär a. D.« steht auf seiner Visitenkarte. Reich geworden ist er mit einer Küchenmaschine, die aus stillem Wasser Sprudel macht. Eine geniale Erfindung! Zwar wurden die ersten Wassersprudler schon 1903 in Großbritannien hergestellt, sie kamen aber vor allem in der Gastronomie und bei den Besserverdienern zum Einsatz. Erst in den Siebzigerjahren brachte die britische Firma Soda-Stream eine Sprudelmaschine für den kleinen Mann auf den Markt. 1991 entstand in Israel die Firma Soda-Club – die übrigens auch Feuerlöscher herstellt –, und Klaus F. Schmidt gehörte zu den Soda-Pionieren, die das Prinzip des Sprudel-it-yourself in Deutschland populär machen wollten – zunächst allerdings ohne großen Erfolg. Der Versuch, die Soda-Maschine über ein Versandhaus zu verkaufen, führte zu der Antwort, dass man keinen Katalog für Scherzartikel vertreibe. Doch der Durchbruch kam, und zwar als Jean Pütz das Gerät in seiner Sendung »Hobbythek« vorstellte. Nach hunderttausend Mark im Jahr 1993 sprudelte der Umsatz bis 1997 auf achtundsechzig

Millionen Mark. Mit Ende vierzig ließ Schmidt, inzwischen Geschäftsführer, sich seine Anteile für fünf Millionen Mark auszahlen – und hatte ausgesorgt.

Inzwischen gehören Soda-Club, Soda-Stream und Wassermaxx zusammen. Von diesen Marken stehen heute in deutschen Haushalten rund neun Millionen Trinkwassersprudler. Doch wenn ich eine Soda-Club-Plastikflasche aus dem Kühlschrank hole, belächelt mich mein Freund Ben, als liefe ich mit einer selbst gestrickten Badehose herum. Unausgesprochen steht dann auch noch sein Verdacht im Raum, ich könne oder wolle ihm aus einer Geiz-ist-geil-Mentalität heraus das »gute, echte« Mineralwasser von Gerolsteiner und Überkinger nicht reichen. Ein Trugschluss!

Denn die Mär, dass das Mineralwasser aus der Flasche besser und gesünder sei als das »selbst gemachte« aus dem Wasserhahn, wird vor allem von den Herstellern der rund fünfhundert Mineralwassermarken in Deutschland verbreitet. Schlichtes Leitungswasser, das mit einer Gaspatrone aufgemischt wird, sei nicht vergleichbar mit echtem Mineralwasser, das »durch den Fels gereift« sei. Tatsächlich enthält Mineralwasser Mineralstoffe, die für den Körper gesund sind. Aber: Die Mineralien aus Flüssigkeit werden vom Körper kaum aufgenommen. Der Mensch deckt den Bedarf an Mineralien überwiegend durch feste Nahrung. Wasser ist also nicht mehr als ein kalorienfreier Durstlöscher, egal ob aus der Leitung oder aus der Mehrwegflasche.

Nicht egal ist jedoch die Öko-Bilanz: Hier ist der Selbstmachsprudel der Kaufflasche überlegen. Eine Schweizer Studie ergab, dass gekühltes, sprudelndes

Mineralwasser in der Einwegflasche eine dreieinhalb mal höhere Umweltbelastung darstellt als gekühltes, sprudelndes »Kranenberger« aus dem Hahn. Grund dafür sind vor allem Verpackung und Transport. Eine Mehrwegflasche macht den Sprudel nur dann ökologisch, wenn er nicht über weite Strecken transportiert wird und der Ostfriese nicht das Wasser aus dem Allgäu kauft. Die Sprudelindustrie kann nur deshalb behaupten, ihr Wasser wäre pro Liter drei Cent billiger als gesprudeltes Leitungswasser, weil sie davon ausgeht, dass die Sprudelmaschinen nach drei Jahren kaputt gehen und dass zwanzig Prozent des Wassers weggeschüttet wird. Eine Sprudelmädchenrechnung!

Ein Gaszylinder reicht für das Besprudeln von bis zu sechzig Liter Trinkwasser, das sind sieben Kisten, die nicht zu schleppen so manche Wirbelsäulengymnastik erübrigt. Für einen Singlehaushalt, in dem täglich eine 0,7-Liter-Flasche Wasser getrunken wird, hat sich die Soda-Maschine schon nach einem Jahr rentiert. Gesundheitliche Bedenken gibt es nicht, denn das Leitungswasser wird hierzulande sogar noch stärker kontrolliert als die Mineralbrunnen. Ernährungsberater sind sich einig: Bei einem gesunden Menschen und bei normaler Ernährung macht es keinen Unterschied, ob er seinen Flüssigkeitsbedarf durch Mineral- oder Leitungswasser deckt. Das Umweltbundesamt versichert: »Trinkwasser in Deutschland kann man ohne Bedenken zu sich nehmen. Die qualitativen Eigenschaften bekommen nach wie vor ausschließlich Bestnoten.« Die Bestnote hat *Ökotest* auch für alle getesteten Wassersprudler vergeben. Da zitiere ich Harald Schmidt und sage Ja zu deutschem Wasser!

Es spricht also rein gar nichts gegen meinen »Kranenberger Sprudel«, aus dem man auch rasch eine Apfelschorle mixen kann. Und wenn Ben mal wieder zu Besuch ist und sich das Wasser reichen lässt, habe ich jetzt immer eine leere Gerolsteiner-Flasche vorrätig. Zum Umfüllen. Gemerkt hat er es noch nie.

Was aus Klaus F. Schmidt geworden ist? Nur zwei Jahre hat er gebraucht, um seine fünf Millionen Mark in der Spielbank komplett zu verprassen. Der »Multimillionär a. D.« wurde zum Hartz-IV-Empfänger – und sammelte ausgerechnet Pfandflaschen. Heute ist er wieder auf Erfolgskurs: als Buchautor und Unternehmensberater.

BUTTERBROT – JA ZUR STULLE!

Käsebrot ist ein gutes Brot. Zu dieser simplen, aber höchst zutreffenden Aussage kommt der lustige Musikant Helge Schneider in seinem gleichnamigen Lied und gipfelt in der Erkenntnis »Super sexy Käsebrot«, die in ihrer reduzierten Hintersinnigkeit dem Aphorismus »Katzeklo macht die Katze froh« in nichts nachsteht.

Wer mich genauer kennt, wird sich wundern, dass ich erst an dieser Stelle auf den Mülheimer Kultkomiker verweise. Denn eine gehörige Portion Mut gehört schon dazu, sich als Geisteswissenschaftler mit Hochschulabschluss zum Schneiderschen Humorverständnis zu bekennen, ohne den entschuldigenden Zusatz »Er ist ja so ein begnadeter Jazzmusiker« hinterherzuschieben, was fast so klingt, als würde jemand behaupten, den *Playboy* wegen der Reportagen und Interviews zu lesen. Schneider ist tatsächlich ein musikalisches Ausnahmetalent, aber auch ein genialer Humorist und ein vielfach unterschätzter Philosoph, dessen Hymne an das Käsebrot eine zeitkritische Betrachtung der Convenience-Food-Kultur darstellt, der ich mich vollumfänglich anschließe.

Das Käsebrot steht hier als vegetarische Spezialform des Butterbrots im Allgemeinen, das durch Schinken-

Croissants, Tankstellen-Matschbrote in Dreiecksverpackungen, in Remoulade schwimmende Baguettes, Fünf-Minuten-Terrinen, Tiefkühlpizzen und Instant-Suppen immer mehr in die Rolle eines ungeliebten Überbleibsels aus Muttis kalter Küche vergangener Tage gedrängt wird. Auch vom Frühstückstisch wird das Butterbrot durch Cornflakes, Müsli oder Semmeln/Brötchen/Schrippen immer mehr vertrieben. Keiner weiß, wie hoch die Dunkelziffer der Pausenbrote ist, die aus dem Ranzen den direkten Weg in den Mülleimer finden, um durch Schokokussbrötchen oder Kinder-Milchschnitte ersetzt zu werden. Aus gutem Grund hat sich deshalb die Initiative »Rettet das Butterbrot« gebildet, die für die gute alte belegte Graubrotscheibe kämpft und auf der Website www.butterbrot.de »Ja zur Stulle« ruft, wobei je nach Region auch die Begriffe Kniffte, Bemme oder Bütterken üblich sind. Die deutsche Agrarwirtschaft rief 1999 den »Tag des deutschen Butterbrots« ins Leben, der im letzten Freitag des Septembers begangen wurde. Doch leider schlief diese Tradition nach wenigen Jahren wieder ein. Denn eigentlich sollte jeder Tag ein Tag des Butterbrots sein.

Das Butterbrot hat eine lange Geschichte, die bis zu den alten Ägyptern zurückreicht. Gesäuertes Brot hat es schon vor über fünftausend Jahren gegeben, die Ägypter – die in der Antike den Beinamen »Brotesser« trugen – kannten sogar schon Bäckereien, in denen mit Hefe Brot hergestellt wurde. Und weil die erste Käserei von der Wissenschaft etwa auf das Jahr 5000 vor Christus datiert und in der Region Mesopotamien, Kleinasien, Nordafrika und Ägypten verortet wird, ist anzunehmen, dass auch die Bauarbeiter der Pyramiden sich in den Pausen mit sexy Käsebroten gestärkt haben.

Das Butterbrot gehört, wie viele heute spießige Dinge, zum deutschen Kulturgut und hat es als Lehnwort – »Butterbrod« – sogar in die russische Sprache gebracht. Lange vor Helge Schneider machte ein anderer Dichter das Butterbrot zum Gegenstand seiner Kunst: Johann Wolfgang von Goethe ließ seinen leidenden jungen Werther davon erzählen, dass er mit einigen Kindern »das Butterbrod und die saure Milch« teile. Martin Luther soll bereits 1525 die »Putterpomme« – Butterbemme – als gute Kindernahrung bezeichnet haben. Und der Maler Pieter Brueghel hinterließ auf seinem Bild »Die Bauernhochzeit« der Nachwelt ein angebissenes Butterbrot auf dem Schoß eines Kindes.

Im Sprachgebrauch wird das Butterbrot jedoch häufig diskriminiert: Für ein Butterbrot arbeiten bedeutet, nicht einmal den tariflichen Mindestlohn zu verdienen, und in den Mäc-Geiz-Ramschläden kann man alles für ein Butterbrot erstehen. Im Tarifstreit wollen sich die geknechteten Arbeiter nicht die Butter vom Brot nehmen lassen und kämpfen für Gehaltserhöhungen. Dass man beim Online-Spiel »Die Siedler« mit einem Käsebrot, das gegen Edelsteine getauscht werden muss, die Geburtenrate für kurze Zeit verzehnfachen kann, ist eine überaus intelligente Programmierung. Und »Bernd das Brot« ist aus gutem Grund eine der beliebtesten Figuren der deutschen Fernsehlandschaft – und wäre vielleicht der noch bessere Gottschalk-Nachfolger bei *Wetten, dass ...?* gewesen. »Und wenn sie kein Brot mehr haben, sollen sie doch Kuchen essen«, lautet ein Zitat, das oft fälschlicherweise Marie Antoinette zugeschrieben wird, in Wahrheit aber bei Jean-Jacques Rousseau zu finden ist.

Dass das Butterbrot aus ernährungswissenschaftlicher Sicht den Kuchen – und viele andere Zwischenmahlzeiten – in den Schatten stellt, ist ohnehin klar. Es ist voll mit Vitaminen, Ballaststoffen und Spurenelementen, macht satt und liefert Energie für den ganzen Tag. Der Mineralstoffgehalt wie der Vitamingehalt sind bei dunklen Broten aus Vollkorn am höchsten, auch als Eiweißquelle darf es nicht unterschätzt werden. Das ideale Butterbrot ist mit magerem Schinken, fettarmer Wurst oder eben Käse belegt. Gurken, Tomaten oder Paprika krönen die gesunde Brotzeit. Ernährungsberater empfehlen sogar, fünf bis sieben Scheiben täglich zu essen, um für ausreichend Ballaststoffe zu sorgen. Statistisch isst jeder Deutsche zweiundzwanzig Kilo Brot im Jahr, das sind drei Toastscheiben täglich oder zwei Scheiben Vollkornbrot. Viel zu wenig, denn – um noch mal Helge Schneiders Käsebrot-Song zu zitieren:

»Butterbrot und Quark schmecken sicher gut.

Doch ein Käsebrot geht direkt ins Blut.«

LEITZ-ORDNER – ABLEGEN STATT WEGWERFEN

»Ordnung ist das halbe Leben – aber ich mag keine halben Sachen.« Aha. Oder: »Wer Ordnung hält, ist zu faul zum Suchen.« Soso. Mit derart coolen Lebensweisheiten lässt sich leicht das Leben in Müllhalden rechtfertigen und der Einsatz des RTL2-Messie-Teams begründen.

Vermutlich würde auch ich in einem Wust von Papieren und Unterlagen versinken, wenn ein schlauer Bonner namens Friedrich Soennecken im Jahr 1886 nicht den Leitz-Ordner erfunden hätte. Zugegeben, diese Formulierung ist jetzt ein bisschen unfair, denn eigentlich müsste der Leitz-Ordner »Soennecken-Ordner« heißen, aber der Herr Louis Leitz hatte wohl das Glück, dass sein Name sowie der seiner Stuttgarter Firma, in der die Erfindung weiterentwickelt wurde, eingängiger war. Und so heißen Aktenordner heute Leitz-Ordner, auch wenn sie von Herlitz, Biella oder ELBA hergestellt werden. »Ein Aktenordner ist ein Hebelordner mit Exzenterverschluss, der als Mittel zur Ordnung der Schriftgutverwaltung dient«, lautet die lexikalische Beschreibung der genialen Erfindung für den Büroalltag, die durch das Greifloch, die Tippklemmer genannte Öffnungs- und Schließmechanik und die Raumsparschlitze, aus denen die Metallbügel herausschauen, einzigartig und unverwechselbar geworden ist. Softwareentwickler haben sich das Prinzip längst zu eigen gemacht und für die digitale Aktenablage den viel cooleren Begriff »Folder-Management« erfunden.

Ein Ivar-Regal von IKEA voller Leitz-Ordner macht in einem Büroraum jede Tapete überflüssig. Eine Schrankwand voller Ordner allein reicht allerdings noch nicht, um aus einer chaotischen Loseblattsammlung ein strukturiertes Langzeitarchiv zu machen. Mit einem intelligenten Ablagesystem samt Aktenplan findet sich auch der Hobbybürokrat in einer über Jahre angesammelten Papiermenge zurecht, die noch nicht digital auf einen USB-Stick passt. Akten ablegen ist übrigens auch eine Form von Umweltschutz. Jedes Blatt, das zwischen den schieferfarbenen Aktendeckeln verschwindet, landet schließlich nicht im Abfall. Abheften statt Wegwerfen ist Mülltrennung mit dem Locher. Und was ich aus dem Locher heraushole, kann ich immer noch in Tüten sammeln und zum Fasching als Konfetti verwenden. Leitz-Ordner sind zudem unkaputtbar, was der Ordner beweist, in dem ich meine Bankauszüge abhefte: Unter dem selbst gemachten Etikett »Stadtsparkasse« schimmert noch die ursprüngliche Beschriftung »Personalunterlagen 1966/67«.

Die Leitz-Ordner stehen symbolhaft für ein strukturiertes Denken, das über den Schreibtisch hinaus das Leben erleichtert und Freiräume schafft für Kreativität und Entspannung. Wer sein Plastiklineal, den – übrigens auch von Herrn Soennecken erfundenen – Locher, Pritt-

Stift, Tintenkiller oder die Tipp-Ex-Flasche immer an einer eindeutig zugeordneten Stelle aufbewahrt, der wird auch keine Schwierigkeiten haben, in der Küche die Filtertüten, im Bad das Lavendelölschaumbad, im Kleiderschrank seine Kurzarmhemden und im Portemonnaie die Busfahrkarte zu finden.

Ordnungshüter ist der spießige Begriff für Polizist, und wer zu Hause Ordnung hält, gilt zumindest bei meinem Freund Ben als Blockwart in den eigenen vier Wänden. Doch genau wie der »Bulle« schnell zum »Freund und Helfer« wird, wenn es heißt, Taschendiebe zu fassen oder Bens entlaufene Vogelspinne einzufangen, so wird der Abhefter und Ordnungshalter in Haus und Büro immer dann zum Retter in der Not, wenn vor der Konferenz mal wieder ganz schnell das Protokoll der letzten Sitzung gesucht wird oder beim Kochen der Kartoffelstampfer nicht auffindbar ist.

Tatsächlich gehört zur Rollenverteilung jeder Partnerschaft, dass dem Chaoten immer ein Aufräumfanatiker gegenübersteht, so wie es auf jedem Polizeirevier den guten und den bösen Bullen gibt. Erstaunlicherweise kann durch einen Partnerwechsel aus einem anarchistischen Bierflaschenrumstehenlasser über Nacht ein Staubwedel schwingender Aufräumnazi werden, wenn sein neuer Lebensgefährte sich als noch chaotischer entlarvt. Wer Ordnung hält, ist nicht zu faul zum Suchen – sondern hat einfach nur einen noch unordentlicheren Partner geheiratet.

JETZT WIRD'S GESCHÄFTLICH – GLOBAL DENKEN, AUF DEM LOKUS HANDELN

Ähnlich wie mit dem Warmduschen verhält es sich mit der Verwendung eines Verbrauchsartikels, der von Industrie und Einzelhandel verschämt unter der Bezeichnung »Hygieneprodukte« geführt wird. Nur die Macher von Wikipedia nehmen kein Blatt vor den Mund, wenn sie definieren: »Toilettenpapier ist ein zur einmaligen Verwendung gedachtes Tissue-Papier zur Reinigung der Ausscheidungsorgane nach Stuhlgang oder nach dem Harnlassen.«

Zwar findet der Toilettenbesuch ebenso unter Ausschluss der Öffentlichkeit statt wie das warme oder kalte Duschen, doch während der Warmduscher, wenn er es drauf anlegt, immer unerkannt bleiben wird, muss sich der Nutzer des weichen, vierlagigen Toilettenpapiers an der Supermarktkasse als Softie outen, weil sich die Vorratspackung schlecht unter Schimmelentferner oder Anti-Schuppen-Shampoo verstecken lässt.

Das Gemeine ist ja, dass der coole Verwender von zweilagigem Schmirgelpapier nie zur Rechenschaft gezogen wird, wie viel Papier er pro Sitzung braucht und wie oft er die zweilagigen Blätter zu Vier- oder Sechsseitern zusammenfaltet. Und wer weiß, ob er nach der Grundreinigung nicht doch zu den parfümierten, antibakteriellen Feuchttüchern greift, vor deren Nebenwirkungen Dermatologen immer wieder warnen. Sei's drum. Bei einem Gesamtverbrauch von drei Milliarden Rollen kommen die Statistiker von *Ökotest* auf eine tägliche Dosis von zwanzig Blatt pro Tag und Po. Das sind 0,28 Quadratmeter und bedeutet einen Jahresumsatz von über einer Milliarde Euro allein für die Klopapierbranche. Die Schlecker-Insolvenz muss also andere Gründe gehabt haben.

Dass wir heute den Luxus des mehrlagigen Toilettenpapiers genießen dürfen, ist zu einer Selbstverständlichkeit geworden, die Generationen vor uns noch nicht kannten. Zwar wird Toilettenpapier im 6. Jahrhundert in China bereits erstmals erwähnt, bis zur Gründung der ersten deutschen Toilettenpapierfabrik in Ludwigsburg sollte es aber noch mal bis zum Jahr 1928 dauern. Damals allerdings handelte es sich um Krepppapier, das immer noch pofreundlicher war als in Stücke geschnittene Zeitungen, die gelocht und an einen Nagel gehängt wurden.

»Toilettenpapier-Panik« kennt jeder, der schon mal auf dem stillen Örtchen gesessen hat und erst nach geschäftlicher Verrichtung bemerkt hat, dass der Vorgänger den letzten Vorrat aufgebraucht hat. Doch der Begriff fand unter anderen Umständen Eingang vor allem in die Lehrbücher der Volkswirtschaftslehre, als 1973 während der Ölkrise in Japan ein Gerücht über eine angebliche Verknappung des Toilettenpapiers im Umlauf war, was zu entsprechenden Hamsterkäufen führte.

Daraufhin wurde das Klopapier tatsächlich knapp, was die Gerüchte zu bestätigen schien. Heute besteht kein Grund zur Panik. Gerüchten zufolge hat die EU-Kommission in ehemaligen Atombunkern für alle Europäer einen Klopapiervorrat für drei Monate gelagert und stellt im EU-Haushalt für den Unterhalt der Bunker jährlich einen zweistelligen Millionenbetrag bereit, der von einer zwölfköpfigen Arbeitsgruppe verwaltet wird.

Egal ob drei- oder vierlagig: Falsch machen kann man beim Toilettenpapierkauf wohl nichts. *Ökotest* gab zwanzig von einundzwanzig Marken die Noten »gut« oder »sehr gut«. Wer sich jetzt mit schmutziger Fantasie ausmalt, wie ein derartiger Warentest ausgesehen haben könnte, muss enttäuscht werden: Die Tester prüften die Durchstoßfestigkeit des Papiers »mit einer Kugel, die einen Durchmesser von 16 Millimeter hatte, was ungefähr dem einer Fingerkuppe entspricht. Sie spannten das Klopapier ein und stießen die Kugel in einer definierten Geschwindigkeit durch das Papier«. Die Saugfähigkeit wurde so untersucht: »Die Tester tauchten je fünf Gramm Klopapier für 30 Sekunden ins Wasser, ließen das Papier 60 Sekunden abtropfen und ermittelten mit einer Waage die aufgesaugte Wassermenge.« – Die Untersuchung der Stiftung Warentest verlief hingegen handfester. Denn dort heißt es: »Eine Woche lang gingen 400 Frauen und Männer für die Stiftung Warentest aufs Klo.«

Die Umweltschutzorganisation WWF hat sich dem Thema unter dem Motto »Global denken, auf dem Lokus handeln« genähert und weniger die Papierqualität als die ökologischen Folgen beleuchtet – mit dem Ergebnis, dass der Durchschnittsdeutsche pro Jahr fünfzehn Kilo Hygienepapier verbraucht (einschließlich Papiertaschentücher), während der europäische Pro-Kopf-Verbrauch bei dreizehn Kilo liegt, was immer noch viermal so hoch ist wie der weltweite Verbrauch. Das ist deshalb problematisch, weil immer noch fünfundzwanzig Millionen Bäume jährlich für den europäischen Tissue-Markt gefällt werden. Denn auf vielen Klorollen befindet sich kein Altpapier, sondern hochwertiges Material aus Zellstofffasern. Wer mit der täglichen Verdauung also etwas für die Natur tun möchte, der sollte nicht auf eine vierte Papierlage verzichten, sondern eher darauf achten, recyceltes WC-Papier zu kaufen.

Nicht in die Untersuchungen eingeflossen ist offenbar die unter Klogängern häufig diskutierte, aber völlig überbewertete Frage, ob das Blatt geknüllt oder gefaltet wird. Knüller und Falter liefern sich im Internet belanglose Grundsatzdebatten. Bei dieser Frage möchte ich ausnahmsweise mal ausfallend werden und sagen: Drauf geschissen!

BLOCKFLÖTE SPIELEN –
ALTENHEIM STATT LAGERFEUER

Blockflöten haben trotz guten Klangs einen schlechten Ruf. Nicht nur, weil so die Anhänger der regimetreuen Blockparteien in der DDR genannt wurden. Weil die Blockflöte neben dem Glockenspiel schon in der musikalischen Früherziehung zum Einsatz kommt und verhältnismäßig schnell von Kindern beherrscht werden kann, haben Flötenkritiker ihr das wenig schmeichelhafte Etikett »Klangschnuller« verpasst. Während meiner Gymnasialzeit galt der Flötenkreis von Frau Stein als die wohl uncoolste aller Möglichkeiten, den Montagnachmittag zu verbringen: Während die Coolen sich zu Basketballturnieren oder Donkey-Kong-Wettkämpfen verabredeten, probten wir mit Frau Stein für den nächsten Auftritt im Seniorenheim Wiedenhof. Dass die Blockflöte – zunächst in der Standardversion als Sopranflöte, später mit einer großen Tenorflöte, die ich in einem Koffer wie eine Kalaschnikow transportieren musste – das einzige Musikinstrument ist, mit dem ich es zur Bühnenreife gebracht habe, vermag vielen nur ein mitleidiges Lächeln zu entlocken. Ben zum Beispiel beherrscht auf seiner Gitarre nur drei Griffe und musizierte nie auf der

Bühne des Remscheider Teo-Otto-Theaters, als es noch den uncoolen Namen »Stadttheater« trug. Sein Publikum waren die Mädchen am Lagerfeuer, die ihm nach »More than words« und »Tears in heaven« willenlos zu Füßen lagen. Mein Publikum im Seniorenheim Wiedenhof war – aus anderen Gründen – nicht weniger willenlos und dankbar und ließ sich nach einigen fröhlichen Menuetten und freundlichem Applaus wieder von ihren Zuvieldienstleistenden auf die Zimmer rollen. Der Unterschied: Während Ben mit einer seiner Lagerfeuer-Romanzen inzwischen in wilder Ehe zusammenlebt, dürften alle meine Zuhörer inzwischen den Englein beim Harfespielen lauschen.

Der Vermerk auf meinen Zeugnissen »Harry hat mit Erfolg am Flötenkreis teilgenommen« war mir immer ein bisschen peinlich und hat mein Bedauern darüber bestärkt, dass mir das Talent zum Basketballspielen gefehlt hat. Heute hole ich aus einer Flöte zwar außer »Kuckuck« keine zusammenhängenden Töne mehr hervor, aber ich weiß inzwischen, dass man sich als Flötist nicht zu schämen braucht, weder vor Basketballspielern noch vor Klampfen-Virtuosen.

An der Freiburger Hochschule für Musik kann man nämlich Blockflöte sogar studieren. Die Zahl der Studierenden in diesem Fach liegt noch über den Tuba-, Fagott- und Schlagzeug-Studenten. Und das, obwohl die Blockflöte seit dem 18. Jahrhundert zum Underdog der Musikinstrumente geworden ist und bei Orchester-Kompositionen von der kräftiger klingenden Querflöte verdrängt wurde. Wenn früher in einer Partitur die Flöte verlangt wurde, war immer die Blockflöte gemeint. Sollte es eine Querflöte sein, wurde dies extra vermerkt. Heute ist es umgekehrt. Bis zu Beginn des 20. Jahrhunderts war die Blockflöte fast ausgestorben. Als der 1882 geborene russische Komponist Igor Strawinsky – immerhin kein Laie – zum ersten Mal ein solches Instrument sah, soll er es für eine Art Klarinette gehalten haben.

Nicht nur Vivaldi schrieb mehrere Blockflöten-Konzerte, in den *Brandenburgischen Konzerten* von Bach kommt die Flöte mehrmals zum grandiosen Solo-Einsatz. Aber auch in Stücken von Jimi Hendrix, Led Zeppelin, den Beatles und den Rolling Stones kommt die Blockflöte zu Ehren. Das alles scheint auch Teenie-Star Katy Perry inspiriert zu haben, die während eines Konzerts lässig zu einer Glitzerblockflöte griff und erst nach einer Weile durch das Playback entlarvt wurde – was sie zu dem Bekenntnis zwang: »Ich kann gar nicht Flöte spielen.« Das Youtube-Video von diesem peinlichen Patzer zeige ich bei nächster Gelegenheit meinem Sohn. Denn der möchte unbedingt lieber Gitarre lernen.

FRÜHBUCHERRABATT – VORFREUDE MIT FIRST MINUTE

Ich habe eine Kreuzfahrt in die Karibik gebucht. Ist gerade bei Lidl im Angebot für unter tausend Euro. Die Buchungsunterlagen sind schon komplett, die Anzahlung ist geleistet. Die Vorfreude kann beginnen. Im übernächsten Sommer geht's los!

Ich gebe zu, der frühe Vogel hat den Wurm diesmal schon sehr zeitig gefangen. Und wer weiß, vielleicht wäre ein Last-Minute-Angebot noch günstiger, wenn ich bis zum letzten Moment abwarten würde. Man müsste nur ein bisschen spontan sein. Bin ich aber nicht, wenn es um Urlaub geht! Die Zeiten, als ich mit Rucksack, Tramper-Monats-Ticket und Jugendherbergs-Ausweis bewaffnet am Bahnsteig noch nicht wusste, wo ich wieder aussteigen werde, sind lange vorbei. Das Wichtigste am Urlaub ist mir heute Erholung und Stressfreiheit. Das bedeutet, dass ich rechtzeitig sicher sein will, dass der Flieger auch am richtigen Flughafen landet und das Zimmer wirklich Meerblick hat. Außerdem will ich nicht vier Wochen lang griechische Vokabeln pauken, um dann letztlich doch an der türkischen Riviera zu landen. Last-Minute-Angebote sind billig, keine Frage. Aber ich buche lieber First Minute und suche mir aus dem noch jungfräulichen Katalog genau das maßgeschneiderte Angebot aus, das mir passt – ein Frühbucherrabatt von zwanzig, dreißig oder noch mehr Prozent ist mir sicher. Das ist günstig statt billig. Und unbezahlbar die lange Vorfreude, die mit der Buchungsbestätigung beginnt und beim Kofferpacken noch nicht zu Ende ist.

Denn auch bei den Urlaubsvorbereitungen ist der frühe Vogel derjenige, der mehr von einer schlauen Planung profitiert als der Spontanpacker, der am Tag vor dem Reisebeginn in eine Panik ausbricht, weil er seine Ray Ban nicht findet und überrascht feststellt, dass der Reisepass abgelaufen ist und die nötige Auffrischungsimpfung gegen Tropenkrankheiten aller Art versäumt wurde.

Mit der Reservierung des Hotels und dem Bestellen des Flugtickets beginnt nämlich ein generalstabsmäßiger Planungsprozess: Mit jedem Punkt, den ich auf meiner To-do-Liste abhaken kann, steigt die Vorfreude. Und wenn der Koffer drei Wochen vor Urlaubsbeginn schon komplett gepackt im Flur steht, dann hat die Reise eigentlich schon begonnen.

Mit der Frühbucherstrategie ist es kein Problem, samt schulpflichtigen Kindern ein Quartier über die Osterfeiertage auf den Kanaren zu buchen oder ein Dutzend Kegelbrüder auf demselben Hotelflur auf Mallorca unterzubringen. Zur Wintersportreise gibt es oft den Skipass oder die Autobahn-Vignette gratis dazu.

Nur eins sollte man bedenken: Wer sich bei der Buchung des romantischen Liebesurlaubs auf Lanzarote nicht ganz sicher ist, dass die Liebe bis zum Reisebeginn andauert, ist gut beraten mit einer Reiserücktrittsversicherung. Die kostet auf jeden Fall weniger als das Frühbuchen spart. Gute Reise.

WANDERN – VOLKSBEWEGUNG IM ENTSCHLEUNIGUNGSGANG

»Das Wandern ist des Müllers Lust«, textete Anfang des 19. Jahrhunderts ein gewisser Wilhelm Müller – kein Witz! – einen Beitrag für den Gedichtzyklus *Die schöne Müllerin* – auch kein Witz! –, in dem es um die unglückliche Liebe eines Müllergesellen zu einer schönen Müllerstochter geht. Mühlen und Müllerstöchter waren beliebte Motive der romantischen Dichter, die den Alltag eines Müllers als das verklärten, was man heute als ökologische Landwirtschaft oder einfach »Natur pur« bezeichnen würde.

Schon der Apostel Paulus verstand das irdische Dasein als »Wandern zu Gott«. Als erster »zweckfreier« Wanderer der Weltgeschichte gilt der Italiener Francesco Petrarca, der 1336 mit seinem Bruder den 1900 Meter hohen Mont Ventoux bestieg. Die Fortbewegung zu Fuß gehörte mangels ÖPNV und Automobilindustrie für die nicht berittene Unter- und Mittelschicht lange Zeit zu den Notwendigkeiten des Alltags. In der Zeit der Aufklärung wimmelte es von Wanderern, die zu Fuß die Welt erkundeten und ihre Erlebnisse aufschrieben. Einer von ihnen war der Leipziger Johann Gottfried Seume, der 1801 nach Sizilien wanderte und über Paris nach Leipzig zurückkehrte. Solche Extremtouren fanden die meisten damals noch merkwürdig, erst die Romantiker machten das zweckfreie Lustwandern salonfähig – wobei »zweckfrei« nicht ganz richtig ist. Denn der Zweck des Wanderns liegt neben dem Erleben der Natur in der Entspannung, der Erbauung, der Ertüchtigung. Der Wissenschaftler spricht von der intrinsischen Motivation des Wanderers, das heißt: Der Anreiz liegt in der Tätigkeit selbst.

Als die Romantiker im Harz, der sächsischen Schweiz oder auf Rügen unterwegs waren und mit Bildern und Gedichten heimkehrten, sahen sich die Reichen und Mächtigen der Oberschicht veranlasst, die beschriebenen Regionen ebenfalls aufzusuchen – man kann diese Zeit als den Beginn des Tourismus in Deutschland sehen.

Im 19. Jahrhundert wurde das Wandern buchstäblich zu einer Volksbewegung. Es gründeten sich zahlreiche Heimat- und Wandervereine, zum Beispiel 1864 der Schwarzwaldverein als der erste Mittelgebirgsverein in Deutschland, 1883 entstand in Fulda der Deutsche Wanderverband. Zahllose Hütten, Aussichtstürme, Hinweisschilder und natürlich endlose Wanderwege – bis heute rund zweihunderttausend Kilometer – verteilen sich über das Land, das zweifellos zu einem Land der Wanderer geworden ist. Den Deutschen liegt das Wandern im Blut.

Das war freilich auch in der dunklen Hitlerzeit der Fall, als die Nazis sich wie vieler anderer Dinge auch des Wanderns bemächtigten und mit dem »Amt für Reisen, Wandern und Urlaub« für entsprechende national-sozialistische Volksertüchtigung sorgten. Folglich genoss das Wandern in der Achtundsechziger-Generation fast den Ruf einer faschistischen Veranstaltung. Heute gilt es nur noch als spießig, weshalb sich die modernen Naturfreunde hinter neumodischen Begriffen wie Walking, Trekking oder Hiking verbergen, sich mit Teleskop-Stöcken der Lächerlichkeit preisgeben, mit GPS-Geräten für multimediale Schnitzeljagden ausrüsten oder auf Mountainbikes als Waldhooligans das Laub aufwirbeln und harmlose Spaziergänger in Lebensgefahr bringen.

Es mag erhebend sein, auf Madeira, im Himalaja oder in den Anden zu wandern – doch wozu in die Ferne schweifen und viel Kerosin verbrennen, wenn der Schwarzwald liegt so nah? Und die Fränkische Schweiz, der Rennsteig und der Bodewanderweg?

»Wandern im deutschen Mittelgebirge ist nicht doof und spießig«, sagt der neue deutsche Wanderpapst und Vorzeige-Spießer Manuel Andrack und bringt es pragmatisch auf den Punkt: »Es macht Spaß, ist bei mir vor der Haustür und ist insofern nachhaltig, als dass ich nicht hohe Energiekosten aufbringen muss, um da hinzukommen.«

Statistiker wollen herausgefunden haben, dass vierzig Millionen Deutsche regelmäßig wandern, acht Millionen sogar einmal im Monat. Die Zahl scheint mir etwas hoch gegriffen, wenn der Gang zum Altglascontainer oder der Verdauungsspaziergang nach dem Kaffeekränzchen nicht auch als Wandern gelten. Denn Behinderungen wegen zu hohen Verkehrsaufkommens sind auf Wanderwegen immer noch selten. Dennoch erkennt inzwischen auch die Tourismusindustrie, dass der Wandersmann einen nicht zu vernachlässigenden Wirtschaftsfaktor darstellt: Für den sauerländischen Rothaarsteig etwa verbuchen Experten einen jährlichen Einkommenseffekt von fast siebzehn Millionen Euro. Laut Statistik gibt Otto-Normal-Wanderer pro Kilometer 2,50 Euro aus, einschließlich Verpflegung, Anreise, Übernachtung und Einkleidung bei Tchibo – wo es übrigens auch ganze Wochenenden in der Schweiz mit geführten Wanderungen aller Schwierigkeitsstufen zu buchen gibt. Wandern ist Ausdauersport, der Muskeln, Gelenke und Bänder schonend trainiert, die Abwehrkräfte stärkt, Endorphine ausschüttet und so wie ein Breitbandtherapeutikum wirkt.

Als Wanderer trotze ich dem Express-Zeitgeist, der verlangt, immer schneller, effektiver zu sein. Die Entschleunigung bestimmt mein Tempo, der Wanderweg ist mein Ziel, und wenn am Ende ein zünftiges Wirtshaus mit einer leckeren Brotzeit steht, umso besser. Dann ertrage ich auch langmütig die lustigen Mitwanderer, die mein freundliches »Grüß Gott« mit einem »Wenn ich ihn sehe« erwidern. Dann gräme ich mich nicht über die größte Wanderlüge: »Bald haben wir's geschafft.« Ich brauche keinen Jakobsweg, um den Weg zu mir selbst zu finden oder »dann mal weg« zu sein. Ich brauche auch keine Schrittzähler und Nordic-Walking-Stöcke. Denn gewiss hat der Mensch sich in Millionen von Jahren nicht zum Zweibeiner entwickelt, um dann plötzlich wieder auf vier Pfoten durch die Weltgeschichte zu stapfen. Und bei schlechtem Wetter wandere ich auch mit Regenschirm, der mich genauso schützt wie eine imprägnierte Outdoor-Trekking-Jacke. Wandern heißt für mich einfach nur: die Natur genießen, an nichts denken, das Handy ausschalten, das Hirn frei pusten. Oder um es mit Wandersmann Goethe auszudrücken: »Ich ging im Walde, so für mich hin, und nichts zu suchen, das war mein Sinn.«

LÖFFELCHENSTELLUNG

Wer beim Stichwort »Löffelchenstellung« denkt, dass es in diesem Buch jetzt endlich zur Sache geht, den muss ich enttäuschen. Denn wenn dieses Kapitel Beischlafpositionen behandelte, dann wäre selbstverständlich die ventro-ventrale Kopulation das Mittel der Wahl, im Volksmund auch Missionarsstellung genannt. Auch wenn sie von den Liebes-Experten als monotoner, langweiliger Routinesex und »Liebe ohne Anstrengung« belächelt wird, so bleibt doch festzuhalten, dass es sich bei der Missionarsstellung um die natürlichste aller Liebesstellungen handelt, die im Übrigen nur vom Menschen praktiziert wird: Tiere können sich bei der Paarung nicht anschauen – aber sie können auch im Schlafzimmer das Licht nicht ausmachen.

Ginge es in diesem Kapitel um Sex, wäre es der richtige Moment, mit einem weit verbreiteten Irrtum aufzuräumen, nämlich dass die Bezeichnung »Missionarsstellung« auf christliche Missionare zurückzuführen wäre, die den Völkern im Pazifik weismachen wollten, hierbei handele es sich um die einzige von Gott zugelassene Variante des ehelichen Geschlechtsverkehrs. Urheber dieser Legende ist offenbar Alfred C. Kinsey. Der Verfasser des berühmten *Kinsey-Reports* hatte behauptet, christliche Missionare hätten für die Südsee-Insulaner Zeichnungen der Mann-oben-Frau-unten-Position angefertigt, nachdem sie erschrocken die fantasievollen Kopulationspraktiken der Ureinwohner beobachtet hatten. Die Insulaner sollen spöttisch von der »Missionarsstellung« gesprochen haben. Diese Deutung ist allerdings historisch nicht haltbar und vielleicht auf die Bezeichnung »Missionarsmode« zurückzuführen, die von den Bewohnern der Trobriand-Inseln für die von den Weißen übernommene Sitte, öffentlich Händchen zu halten, gefunden wurde. Sie sprachen von einer unschicklichen Mode der Missionare. Was heute allgemein »Missionarsstellung« heißt, nannten die Inselbewohner im Pazifik in ihrer Sprache »ibilimapu«, was bedeutet: »Die Frau kann nicht mitmachen.«

Unter Liebhabern des Missionars-Klassikers, denen Schildkröte, Hüfthebe-Schubkarre oder Budapester Beinschere zu akrobatisch sind, ist auch die Löffelchenstellung verbreitet – womit wir endlich beim Thema dieses Kapitels wären.

Wie die Löffelchenstellung als Variante des A-Tergo-Verkehrs genannt wurde, bevor es Löffelchen gab, ist nicht überliefert. Woher der Begriff kommt, kann jeder in einer gut sortierten Küchenschublade nachvollziehen, in der übrigens auch Gabeln in Löffelchenstellung aneinandergeschmiegt liegen können. Dieses harmonisch-metallische Miteinander im Besteckkasten zeugt nicht nur von Struktur und Ordnung, sondern verhindert auch schwere Schnittverletzungen, wenn in einem Besteck-Durcheinander nach einem scharfen Messer gesucht wird und sich selbiges beim Wühlen in die Hand bohrt. Löffelchen sind für die Löffelchenstellung geschaffen – und umgekehrt. So viel zur Ordnung im Besteckkasten. Über Sex sollen andere reden.

HÄNDE WEG VON TÜRKLINKEN

Während dieses Buch durch die Schlusskorrektur geht, tobt in Deutschland eine Grippewelle. Es wird vor Händeschütteln gewarnt und von überfüllten Wartezimmern berichtet. Doch: Ich bin schon lange nicht mehr krank gewesen. Und ich bin überzeugt, dass ich das vor allem meinem Ellbogen und meinem Unterarm verdanke. In der U-Bahn, im Parkhaus, beim Einkaufen und vor allem in Arztpraxen öffne ich Türen mit dem Ellbogen oder mit dem Ärmel von Pullover oder Mantel. Das sieht selten elegant aus und wirkt vermutlich ziemlich grobmotorisch, aber es hält mich gesund. Denn: Türklinken sind ein Paradies für Staphylokokken, Streptokokken, Kolibakterien und andere unsympathische Erreger, die eigentlich im Nasen-Rachen-Raum oder im Darm gemütlich leben, ohne Schaden anzurichten, aber gefährliche Infektionen verursachen, wenn sie in die Lunge oder offene Wunden gelangen. Weil Keime auf den meisten Oberflächen mehrere Tage überleben können, gibt ein Kranker seinen Erreger durchschnittlich an sieben Personen weiter, allein durch die Berührung derselben Kontaktoberfläche. Die unsichtbare Gefahr lauert besonders häufig auf Türgriffen in der Nähe von Waschbecken; Letztere werden nachgewiesenermaßen von vielen Klobesuchern nur im Vorbeigehen betrachtet. In einer Erdnussschale auf dem Tresen einer Bar hat eine Analyse Urinspuren von siebenundzwanzig Personen nachgewiesen! Der ADAC untersuchte vor einigen Jahren die öffentlichen Klos auf fünfundneunzig Rastanlagen mit dem schmutzigen Ergebnis, dass nur dreißig Prozent als unbedenklich gelten. Eine andere Untersuchung in Schwimmbad-WCs ergab, dass bei jeder Toilettenspülung fünfundzwanzigtausend Viren und sechshunderttausend Bakterien in Form von winzigen Tropfen in die Umgebung geschleudert werden.

Nicht nur von Nasenbohrern angefasste Türgriffe sind Verteilerstationen für mutmaßliche Killerkeime und potenzielle Mörderbazillen. Auf PC-Tastaturen, Telefonhörern und Touchscreens befinden sich vierhundertmal so viele Keime wie auf einem Bahnhofsklo, das regelmäßig gereinigt wird. Amerikanische Forscher fanden übrigens an Arbeitsplätzen von Frauen drei- bis viermal mehr Erreger als auf Männer-Schreibtischen, was angeblich auf Schminke und Handcremes zurückzuführen ist, mit denen sie Bakterien auf das Büromaterial verteilen. Die höchste Keimdichte wurde auf den Schreibtischen von Lehrern, Bankern und Buchhaltern festgestellt.

Eine weitere Keimschleuder, die eigentlich nur mit Glacéhandschuhen angefasst werden dürfte, lauert in jedem Supermarkt, egal ob Penny oder Tengelmann: Der Einkaufswagen geht täglich durch Dutzende Hände und wird vermutlich nie gereinigt. Forscher der University of Arizona haben die Griffe untersucht und neben Gemüse-, Milch- und Saftresten auch Speichel- und Fäkalbakterien entdeckt.

Eigentlich möchte ich gar nichts mehr anfassen. Und viele Berührungen mit Menschen und Gegenständen lassen sich zum Glück vermeiden. Nur die meisten Türen öffnen sich leider noch nicht von selbst.

Die Lösung für das Problem hat die Firma May aus Velbert: die selbst desinfizierende Türklinke! Die pfiffige Erfindung greift auf eine Erkenntnis zurück, die schon vor viertausend Jahren bei den Ägyptern bekannt war, nämlich die desinfizierende Wirkung von Kupfer – weshalb auch die Ansteckungsgefahr durch Münzen äußerst gering ist. Die Gesundheits-Türklinke aus Kupfer soll die Zahl der Viren und Bakterien um 99,9 Prozent reduzieren. Diese Quote würde mir reichen, sie mit der bloßen Hand zu berühren. Doch bis dahin strapaziere ich noch Ellbogen und Unterarm. Und bleibe gesund.

SONNENBRILLE VON HEINO STATT RAY BAN

Mr. Ban müsste ein sehr cooler Mann mit scharfem Blick sein. Und reich müsste er seine Nachkommen gemacht haben. Schließlich trägt jeder, der eine Boeing steuert oder sich für trendy hält, eine Ray-Ban-Brille und nimmt in Kauf, dass das kleine weiße Logo auf den Brillengläsern den Eindruck erweckt, darauf klebe noch ein Etikett.

Aber falsch! Es gibt gar keinen Mr. Ray Ban! Der Markenname, der 1937 von der Firma Bausch & Lomb erfunden wurde, ist nichts anderes als der englische Begriff für »Strahlenschutz«. Und so ist es auch naheliegend, dass die erste Ray-Ban-Brille »Aviator« hieß, was »Flieger« bedeutet. Heute gibt es die Brille mit den typisch grünlichen Gläsern und dem verchromten Gestell häufiger als Flugzeuge am Himmel; zu den Trägern zählen Paris Hilton, Brad Pitt, Nicolas Sarkozy, Atze Schröder und zahlreiche Zuhälter auf der Reeperbahn.

1952 brachte Ray Ban mit dem Modell »Wayfarer« eine andere Kultbrille auf den Markt, die neun Jahre später durch Audrey Hepburn im Film *Frühstück bei Tiffany* Weltruhm erlangte. Die schwarze Plastikbrille wurde später auf der Nase von James Dean, Marilyn Monroe,

John Lennon, Bob Dylan, Roy Orbison, Andy Warhol und John F. Kennedy gesehen. Barack Obama trägt das Modell mangels Sehschwäche gelegentlich als Sonnenbrille, und Tanita Tikaram besingt es in ihrem Welthit »World outside your window«. Es ist der Trend zu beobachten, dass besonders blasse Zeitgenossen mit eher unspektakulären Gesichtszügen ihrem Antlitz mit der schwarzen Plastikbrille einen besonderen Pfiff verleihen möchten, sei es bei Frank-Walter Steinmeier, Alexander Dobrindt, der mit der Bier-Diät, oder Tagesschau-Sprecher Marc Bator – an dessen Gesicht man sich weder mit noch ohne Brille vor 20 Uhr erinnert.

Sicher, es gibt auch Menschen, die ohne ihre schwarze Brille nicht sie selbst wären und vermutlich Kontaktlinsen tragen, wenn sie nicht erkannt werden wollen, und die man brillenlos auch gar nicht sehen möchte, zum Beispiel Woody Allen und Nana Mouskouri. Früher nannte man kurzsichtige Streber mit dicker Hornbrille, die sich mehr für Akustikkoppler und Mantelstromfilter interessierten, »Nerds«. Daher kommt auch der Begriff »Nerd-Brille«, und Nerds waren ebenso uncool wie unbeliebt. Dass sich heute Leute wie Drew Barrymore, Jack Nicholson, Elvis Costello oder Madonna freiwillig solche Streber-Brillen aufsetzen, hat vielleicht auch mit dem klugen Schleichwerbe-Marketing von Ray Ban zu tun: Tom Cruise trug die »Wayfarer« in mehreren Kinofilmen, ebenso war sie in *Blues Brothers* und *Miami Vice* prominent zu sehen. Wer cool sein will, geht ohne eine Ray Ban heute nicht mehr auf die Straße, egal ob die Sonne scheint oder nicht, sogar der Sehhilfendiscounter Fielmann hat entsprechende Modelle inzwischen im Programm.

Sonnenbrillen sind nützlich, zweifellos. Denn sie schützen vor schädlicher UV-Strahlung und erleichtern es beim Pokern, dem Gegner in die Karten zu schauen. Aber Vorsicht: Die eigenen Karten könnten sich in der eigenen Brille spiegeln!

Ich spiele häufiger Mau Mau als Poker und werde in diesem Leben keine Fluglizenz mehr erwerben, daher brauche ich auch keine Pilotenbrille. Wenn ich meine Augen vor Sonnenlicht schützen will, dann tut's auch ein No-Name-Modell oder eine gefälschte »Ray Barry« aus Thailand, deren aufgeklebtes Markenzeichen dem von »Ray Ban« täuschend ähnlich sieht, was aber nicht weiter stört, weil es sich nach einem halben Tag ohnehin ablöst. Und wenn es mir mal zu hell wird, dann setze ich meine Original-Heino-Brille auf. Die gibt's für zwanzig Euro im Heino-Café in Bad Münstereifel. Womit wir auch schon beim nächsten Thema wären.

SCHLAGER HÖREN – ABER BITTE MIT SAHNE

Wer als Udo-Jürgens- oder Roland-Kaiser-Fan auf Partnersuche ist, sollte aus seiner Musikvorliebe vorüberge-
hend ein Geheimnis machen, zumindest wenn er in Da-
tingportalen wie elitepartner.de unterwegs ist. »Wenn
ich bei einem Mann lese, dass er auf Schlager steht, ist
er für mich sofort abgeschrieben«, postet eine Anonyma
»w35« und fügt hinzu: »Diese Musikrichtung steht für
eine bestimmte Lebensweise, die ich voll ablehne.«

Auch wenn ich die Anonyma-Einträge natürlich nur
aus Recherchezwecken lese: Ich fühle mich ertappt und
frage mich, welchen üblen Lebensstil mir »w35« vor-
wirft. Was ist verwerflich daran, mit der Devise »Liebes-
kummer lohnt sich nicht«, »Wir wollen niemals ausei-
nander gehen«, »Hey, Boss, ich brauch mehr Geld« oder
»Aber bitte mit Sahne!« und »Himbeereis zum Frühstück« durchs Leben zu gehen? Schlagertexter sind
seit Generationen Meister darin, philosophische zeit-
lose Erkenntnisse mit einfachen Worten auszudrücken:
Wer möchte widersprechen, wenn es heißt: »Du kannst
nicht immer siebzehn sein«, »Eine neue Liebe ist wie ein
neues Leben«, »Die Liebe ist ein seltsames Spiel« oder –

trotz Grammatikfehler – »Marmor, Stein und Eisen bricht«?

Früher sagte man »Gassenhauer«. Schlager ist eigentlich nur die deutsche Übersetzung von »Hit«, dennoch käme niemand auf die Idee, von Madonnas oder Katie Perrys neuem Schlager zu sprechen. Ursprünglich kommt das Wort »Schlager« aus der Kaufmannssprache und steht für besonders gut verkäufliche Ware. Das mag für Madonna sogar noch eher zutreffen als für Cindy & Bert. Und während Volksmusik noch als Steigerung der Volksverdummung betrachtet wird, hat niemand etwas gegen Volkswagen, Volksbank, Volkswirtschaftslehre, die Volksbibel oder den Volks-PC der *Bild*. Dass es im Musikantenstadl oder den Shows von Carmen Nebel und Florian Silbereisen nicht unbedingt so intellektuell zugeht wie im PEN-Club, wird niemand bestreiten. Aber ist diese Unterhaltung deshalb mehr zu verurteilen als der MTV-Music-Award oder die Echo-Verleihung? Die Gestalten aus Dieter Thomas Hecks ZDF-Hitparade von Roger Whittaker über Nicole bis Karel Gott und Howard Carpendale sind heute noch Stars, während man in einigen Jahren nicht mehr wissen wird, wer David Guetta, Mike Candy oder Michel Teló waren.

Der Philosoph Theodor Adorno hat sich mit dem Schlager und seiner gesellschaftlichen Funktion befasst und gesagt: »Schlager beliefern die zwischen Betrieb und Reproduktion der Arbeitskraft Eingespannten mit Ersatz für Gefühle überhaupt, von denen ihr zeitgemäß revidiertes Ich-Ideal sagt, sie müssten sie haben.« Für einen Schlagerfan ist das etwas zu komplex ausgedrückt. Ich möchte einfachere Worte finden und sage:

Schlager machen froh! Und vielleicht wird auch »w35« eines Tages erkennen, dass man mit einem fröhlichen Schlagerfan mehr Spaß haben kann als mit einem depressiven Blues-Liebhaber.

Und um nochmal auf die Heino-Brille zurückzukommen: Mit seinen inzwischen 74 Jahren ist der gelernte Konditor vom Niederrhein in den vergangenen Monaten zu einem der coolsten Stars der deutschen Musikszene geworden, der mit Lederjacke und Totenkopfring durch die TV-Shows tingelt, seine Kritiker mit schnoddrig-schlagfertigen Sprüchen abkanzelt und seine Versionen von deutschen Pop- und Rocksongs darbietet. Die *Süddeutsche Zeitung* nennt ihn den »Black Rider aus Bad Münstereifel« und schreibt treffend: »Während die Hellwigs und andere Volksmutanten in der Hölle schmoren oder in der Carmen-Nebel-Show, steigt Heino aus dem Schattenreich deutscher Fernsehunterhaltung und richtet seinen Bannstrahl auf jene, die sich jahrzehntelang über ihn lustig gemacht haben.« Zum ersten Mal muss sich niemand mehr schämen, Heino-Fan zu sein.

GARDINEN – GEGEN DEN DURCHBLICK

Das Wort »Gardine« kommt – wie paradox – aus dem Niederländischen. Ausgerechnet. Von »Gordijn« sprechen die Holländer, die bekannt dafür sind, in ihren schmalen Häuschen den vollen Durchblick zu gewähren, von der Wohnstube durch das Esszimmer bis zum Garten hinterm Haus. Der calvinistische Niederländer lebt nach dem Grundsatz: Wer rechtschaffen, ehrlich und sparsam ist, hat nichts zu verbergen und muss die Blicke neugieriger Nachbarn nicht scheuen – oder durch Gardinen abwehren. Im überwiegend katholischen Belgien hingegen bleiben die Fenster meistens verhüllt. Historisch nicht belegbar ist allerdings, dass einstmals eine Gardinensteuer unsere holländischen Nachbarn vom Verdunkeln der Fenster abgehalten hätte. Diese Legende geht vermutlich auf eine »Personalsteuer« zurück, die 1821 unter anderem auf der Grundlage von Kaminen, Pferden, Türen und Fenstern erlassen wurde. Erst 1896 wurde die »Fenstersteuer« abgeschafft.

Auch wenn es eine Gardinensteuer gäbe, ich würde diese Abgabe gerne bezahlen, meine vier Wände wohnlich machen und nach außen zeigen: Hier wohnt jemand! Und zwar jemand mit Geschmack und Stil, der die Innenwände mit schmuckvollen Tapeten dekoriert.

Eine Wohnung ohne Gardinen sieht von draußen betrachtet leer, nackt und kalt aus. Ein Haus mit Gardinen ist wie eine schöne Frau im Abendkleid. Das Fenster ist die Visitenkarte eines Hauses, die ein tristes Großraumbüro von einem kuscheligen Wohnzimmer unterscheidet. Die Gardine schützt ja nicht nur den Bewohner vor den Blicken Außenstehender, sondern bewahrt auch den unbedarften Spaziergänger vor Ansichten, die er lieber gar nicht sehen will. Wer nackte Menschen betrachten möchte, kann dies ja ungeniert am FKK-Strand tun, und dort weiß er wenigstens, was ihn erwartet.

Wer vor 1980 geboren ist, denkt beim Wort Gardine zwangsläufig an die »Goldkante« und den Werbespot, mit dem die Firma ADO aus AschenDOrf bis 1974 einen Bekanntheitsgrad von neunzig Prozent erreichte und bis 1979 zum größten Gardinenhersteller Europas wurde. Heute liefert ADO sogar Gardinen, die nicht nur dekorativ sind, sondern auch Elektrosmog abweisen. Auch die »wertvollste Gardine der Welt« ist von ADO, sie ist mit Goldkristallen und Rubinen bestickt und kostet fünfundfünfzigtausend Euro – pro laufendem Meter. 2009 hat sich der Hersteller fadenscheiniger Produkte konsequenterweise in »ADO Goldkante« umbenannt. Schon 1961, im siebten Jahr des Bestehens, gründete ADO eine erste Auslandsniederlassung – ausgerechnet in den Niederlanden.

KRIMIS LESEN – AUFKLÄRUNG
AUF LEBEN UND TOD

Wie schon an anderer Stelle erwähnt, bin ich ein friedliebender Mensch, der Waffen und Gewalt strikt ablehnt.
Trotzdem bin ich ein Freund von Mord und Totschlag
und hege Sympathie für das perfekte Verbrechen sowie
dessen lückenlose Aufklärung – sofern dies alles im Hirn
von literarischen Schreibtischtätern stattfindet und zwischen zwei Buchdeckeln verewigt ist.

Oh, ich höre schon den Widerspruch der Schöngeis-
ter und Feuilletonisten gegen den Begriff »Literatur« im
Zusammenhang mit Krimis. Es gibt leider immer noch
viele sogenannte und selbst ernannte Kritiker, die Kriminalromane generell für Schund halten, der nur aus
niederen Beweggründen konsumiert wird und sich zu
»richtiger« Literatur verhält wie Pommes Rot-Weiß zu
Loup de Mer. Die Literaturpäpstin Elke Heidenreich
wird nicht müde zu betonen, dass sie keine Krimis liest.
Und wenn sie versehentlich doch mal einen in die Finger bekommt und öffentlich lobt, dann nur mit der Ent-
schuldigung, dass dieses Buch ja eigentlich gar kein richtiger Krimi sei, sondern hohe Kunst.

Keine Frage: Es gibt auch viele schlechte Krimis, genauso wie es in jedem Genre Volltreffer und Nieten gibt. Dass auch Literaturnobelpreisträger gelegentlich unerträglichen Schund produzieren, wissen wir nicht erst seit Günter Grass' Nahost-Gedicht.

Wer Krimis per se verteufelt, der vergisst, dass wohl jedes Kleinkind seine ersten literarischen Erfahrungen mit Mordgeschichten macht: Bei *Hänsel und Gretel* geht es nicht nur um Geiselnahme, Freiheitsberaubung, sondern letztlich auch um ein brutales Tötungsdelikt und Selbstjustiz. Auch *Rotkäppchen* ist ein Kriminalfall, dessen Komplexität und Dramatik einem *Derrick* durchaus nahe kommen. Auch das Buch der Bücher ist voll mit True Crime, obwohl der Mordfall »Kain und Abel« nicht gerade ein Whodunit ist, sondern eher die Psychologie des Täters behandelt. Und rückblickend betrachtet, handelt es sich beim Sündenfall von Adam und Eva um das schwerwiegendste Kapitaldelikt der Menschheitsgeschichte.

Genau genommen ziehen sich die Erzählungen von Verbrechen und ihrer Aufklärung durch die gesamte Weltliteratur. Dostojewskis *Schuld und Sühne* trägt das Grundmotiv der Kriminalliteratur schon im Titel. Friedrich Dürrenmatt und Theodor Fontane haben hochkarätige Kriminalromane geschrieben, E.T.A. Hoffmanns *Fräulein von Scuderi* würde heute vielleicht »Der Serienkiller von Paris« heißen, und wenn Goethe seinen Faust zweihundert Jahre später geschrieben hätte, dann stünde er bei Hugendubel und Thalia vermutlich in der Rubrik »Mystery Thriller«, versehen mit einem Sticker: »Unbedingt lesen!«

Krimis sind Werke der Aufklärung und machen dem

Leser deutlich, dass es immer und für alles eine Lösung gibt, so verworren und rätselhaft die Situation auch erscheinen mag. Und die Krimilektüre hinterlässt immer das befriedigende Gefühl, dass das Gute über das Böse siegt und die simple Erkenntnis untermauert: Verbrechen lohnt sich nicht.

Das literarische Verbrechen lohnt sich für den Leser aber auch aus Gründen der Allgemeinbildung: Wo erfährt man mehr über das viktorianische London als bei Sherlock Holmes? Agatha Christies Romane wie *Tod auf dem Nil* entführen uns in ferne Länder, während Commissario Brunetti, Siggi Baumeister und Kommissar Kluftinger uns alles über Venedig, die Eifel und das Allgäu nahebringen. Und wer seine Kenntnisse über die Anatomie des menschlichen Körpers auffrischen will, dem seien die Forensiker-Krimis von Kathy Reichs empfohlen.

Mögen noch so viele Literaturpäpste ihre Nase rümpfen – ich bleibe dabei: Mord ist mein Hobby.

 **SCHUHE BITTE ANBEHALTEN**

Wenn meine Kinder vom Spielplatz kommen oder im Schlamm gewühlt haben, müssen sie selbstverständlich vor der Haustür ihre dreckigen Schuhe ausziehen. Wenn erwachsene Menschen mich heimsuchen, dürfen sie ebenso selbstverständlich ihre Schuhe anbehalten. Denn ich traue jedem Erwachsenen, der in der Lage ist, ein Auto zu lenken oder unfallfrei einen Wasserkocher zu bedienen, auch zu, mithilfe einer Fußmatte sein Schuhwerk von Staub und Straßendreck zu befreien. Und ich möchte erwachsene Besucher nicht wie Kinder behandeln. Bei Kindern stört mich auch der Anblick von löchrigen Socken nicht, und die Geruchstoleranz ist gegenüber den Kleinsten auch größer. Socken gehören zur Unterwäsche, deren Anblick Schlafzimmerbesuchern vorbehalten bleibt, solange ich es nicht mit einer Studenten-WG, einem Yoga-Kurs oder einer Moschee zu tun habe. Auf Socken möchte ich nur Personen sehen, deren Anblick ich auch im Schlafanzug dulde – wenige – oder mit denen ich eine Swingerparty besuchen würde – niemand. Abgesehen davon, dass ich für passionierte Schuhauszieher keine Fußbodenheizung einbauen mag: Männer in Anzug und Strümpfen wirken ebenso würdelos wie Frauen im Cocktailkleid und auf Nylons. Und ebenso entwürdigend ist es, in Gastgeberwohnungen dazu genötigt zu werden, in bereitgestellte Fußpilz-Schleudern zu schlüpfen.

Was soll eigentlich dieser Hygienefimmel bezüglich Schuhen, wenn wir nicht im Ballettsaal oder auf der Intensivstation sind? Oder wird irgendwo verlangt, dass ich meine Hose ausziehe, weil ich vorher in der U-Bahn auf einem schmutzigen Platz gesessen haben könnte?

Ob die Schuhe-Auszieher die Coolen oder Uncoolen sind, ist wohl nicht eindeutig zu klären, spielt aber auch keine Rolle. Fest steht, dass Justitia auf meiner Seite steht. Das Bonner Landgericht bestätigte nämlich in zweiter Instanz ein Urteil, wonach es in der Bundesrepublik allgemein nicht üblich ist, »dass ein Gast beim Betreten einer Wohnung seine Schuhe auszieht«. Geklagt hatte eine Frau gegen einen Bekannten, der bei einem Spieleabend ihren Parkettboden ruinierte. Dafür forderte sie Schadenersatz. Den Richtern zufolge gilt es jedoch als unhöflich, von einem Gast zu erwarten, nach sorgfältigem Abtreten auch noch seine Schuhe auszuziehen, um die Sohlen zu säubern. Dies gehöre zum allgemeinen Lebensrisiko, so die Richter, wenn man Besucher in seine Wohnung einlade.

Wer jetzt einwendet, dass auch die holde Justitia meist barfuß dargestellt wird, dem ist zu entgegnen, dass sie nur selten in fremden Wohnzimmern zu sehen ist.

FAX IN MEINEN HÄNDEN:
ODE AN DAS THERMOPAPIER

Bis in die zweite Hälfte der Achtzigerjahre habe ich beim Wort »Faxe« nur an den dicken Typen aus »Wickie« gedacht. Dann hatte ich in einem meiner ersten Ferienjobs die Aufgabe, alle vierhundertzwölf Einträge in der Kundendatei einer Solinger Druckerei um eine Faxnummer zu ergänzen und diese fehlenden Angaben telefonisch zu erfragen. Ich war beschäftigt – und hatte kaum Zeit, über dieses technische Wunder zu staunen: Man legt ein Blatt Papier in ein Gerät, wählt eine Telefonnummer und nach einigen ohrenbetäubenden Geräuschen im Hochfrequenzbereich aus einem ähnlichen Gerät an einem völlig anderen Ort kommt eine pixelige Kopie. Und das alles verursacht nur Telefonkosten, die weit unter dem Preis einer Briefmarke liegen – zumindest im Mondscheintarif.

Doch die Technik ist bereits viel älter als alle meine Ferienjobs: Schon 1843 – fünf Jahre vor der Einführung der Morse-Telegrafie – baute ein schottischer Uhrmacher einen Kopiertelegrafen, der es ermöglichte, Zeichnungen und Handschriften auf elektrischem Wege zu übertragen. Der erste kommerzielle Telefax-Dienst wurde bereits 1865 zwischen Paris und Lyon eingerichtet – vermutlich ohne große öffentliche Resonanz, weil noch nicht jeder ein Telefon hatte, über das Praktikanten die Faxnummer hätten erfragen können.

Einige Jahre später brauchte ich in meiner Studentenbude unbedingt ein eigenes Faxgerät. Auch mein Freund Ben, der immer alles Moderne wie Kabelfernsehen und Handy lange vor mir hatte, besaß schon im Erstsemester ein Faxgerät mit hochmodernem G3-Standard. Weil er allerdings nur über einen Telefonanschluss verfügte, musste ich ihn immer anrufen, bevor ich ihm ein meist lustiges, aber sinnloses Fax senden wollte, damit er die Geräte umstöpselte. Weil er danach immer vergaß, wieder sein obercooles Schnurloses anzuschließen, musste ich dann noch ein Fax mit einem entsprechenden Hinweis hinterherschicken.

Ich hingegen – ausnahmsweise mal der Zeit weiter voraus als Ben – besaß bereits ein sogenanntes Kombi-Gerät, das immer oder sagen wir: in etwa sieben von zehn Fällen automatisch erkannte, ob es sich um einen herkömmlichen Sprachanruf handelte oder um die Ankündigung einer Datenübertragung. So fiel mein Blick nach dem Heimkommen immer zuerst auf das Faxgerät, wo mittelgroße Berge aus bedrucktem Thermopapier viel versprachen, aber letztlich nur unverlangte Werbung oder getürkte Gewinnbenachrichtigungen darstellten, als das neudeutsche Wort »Spam« noch nicht im Duden stand.

Die Thermopapierrollen sind zum Glück im Orkus der Geschichte verschwunden. Doch auch das Normalpapierfax ist im E-Mail-Zeitalter leider vom Aussterben bedroht. Jedes Kind weiß inzwischen, dass PDF nicht in den Bundestag gewählt oder vom Verfassungsschutz beobachtet, sondern als Attachement angehängt und versendet wird. Das Fax verhält sich zur E-Mail wie die Zeitung zum E-Paper und wie die CD zur Spotify-Playlist. Fax in meinen Händen ist etwas anderes als Bytes auf der Festplatte. Das Virtuelle verdrängt das Haptische und bringt uns um den befreienden Effekt, den nervigen Beschwerdebrief des nervigen Nachbarn zerknüllt in den Mülleimer zu pfeffern oder eine unverschämte Handwerker-Rechnung mit der handschriftlichen Replik »Schämen Sie sich!« zurückzufaxen. Auch das schöne Missverständnis, wenn die ahnungslose Praktikantin die Aufforderung des Chefs, ein Dokument mal schnell »aufs Fax zu legen«, allzu wörtlich genommen hat, gehört zu den unvergessenen Klassikern des Büroalltags, wenn das Papier nämlich am nächsten Tag immer noch auf dem Faxgerät liegt. Neulich übrigens sagte tatsächlich jemand zu mir am Telefon: »Das leg ich Ihnen schnell aufs Mail.«

Generations-Biograf Florian Illies datiert die Ära der Telekopie auf die parallel verlaufene aktive Laufbahn von Lothar Matthäus. Vielleicht ein guter Vergleich. Als Sportskanonen haben beide das Zeitliche gesegnet. Doch auf ihre charmante Art sind sie immer noch Publikumslieblinge geblieben. Umso enttäuschender, dass das Management des einstigen Rekord-Kickers auf seiner Homepage nur eine E-Mail-Adresse als Kontakt angibt. Die Grenzen des Faxtums sind erreicht.

MIT HARTER SCHALE ZUM ERFOLG:
DER AKTENKOFFER

Schon in der Grundschulzeit war es so, dass die Wahl des Transportbehältnisses für Schulbücher und Pausenbrote über die Zugehörigkeit zur coolen Oberschicht oder zur Kaste der uncoolen Loser entschied. Tragischerweise hatten wir mangels Geschäftstüchtigkeit als Siebenjährige wenig Mitsprache bei der Taschenwahl, was noch lange nicht das Ende der Fremdbestimmtheit war, die mit dem Erreichen der Volljährigkeit leider nicht so abrupt enden würde wie vorher jahrelang erhofft.

Die Coolen trugen damals auf den zarten Schultern einen Scout-Ranzen in maritimem Blau mit müllabfuhr-orangefarbenem Pausenbrotaufsatz. Die Obercoolen besaßen den gleichen Ranzen in bundeswehrfarbenem Olivgrün und nannten das Teil »Tonne«. Nicht etwa wegen des kiloschweren Gewichts, das neben den notwendigen Schulbüchern noch durch Milchschnitten und Panini-Sticker erhöht wurde, sondern weil wir als ABC-Schützen, die damals noch I-Dötzchen hießen, mangels orthografischer Kenntnisse glaubten, das Ding auf dem Rücken sei ein »Tonnister«.

Spätestens mit dem Erreichen der Mittelstufe war aus

der kindlichen Wirbelsäule ein pubertierendes Hohlkreuz geworden, das lange vor der Erfindung der Praxisgebühr den Orthopäden neben dem Hautarzt zum meistbesuchten Therapeuten machte. Dies alles geschah zu einer Zeit, als wir das Erwachsenwerden nicht mehr abwarten konnten, im Lokal zwar kein Kinderschnitzel mehr bestellen, aber trotzdem noch nicht wählen, heiraten oder Auto fahren durften. Man war kein Kind, kein Erwachsener: Heranwachsender war das wohl korrekte Wort, das wir niemals selbst in den Mund nehmen würden. Um dies auch nach außen zu demonstrieren, blieben Tornister und Turnbeutel zu Hause. Mädchen kreuzten fortan mit Jute-statt-Plastik-Beuteln oder selbst gemachten Batik-Taschen auf dem Pausenhof auf. Und wir Jungs überzeugten unsere Eltern, dass ein Aktenkoffer das ideale Gefäß für Mathebücher und Vokabelhefte war. Ich erinnere mich genau: Seitdem ich mit einem bordeauxroten Hartschalenkoffer von Delsey (79 D-Mark im Sonderangebot!) zur Schule kam (die Farbauswahl war der Kompromiss, den ich mit meiner Mutter als Geldgeberin eingehen musste), hatte für mich die Zeit des Erwachsenseins begonnen. Und um meine Haltungsschäden auszugleichen und der Hornhautbildung an den Handinnenflächen entgegenzuwirken, trug ich meinen Delsey abwechselnd links und rechts. Auch die Marke Delsey war ein Kompromiss, denn eigentlich war in den hartgesottenen Kreisen der Hartschalenkoffer Samsonite angesagt. In diesem Namen steckte Samson, den kannte man nicht nur aus der Sesamstraße, sondern, sofern nicht aus Gewissensgründen abgewählt, auch aus dem Religionsunterricht: Samson war ein

Richter im alten Israel, dessen Haar nie geschnitten werden durfte, was ihm unbezwingbare Stärke verlieh. Wer einen unzerstörbaren Hartschalenkoffer von Samsonite trug, der war ebenfalls unbezwingbar, stark wie Samson. Zugleich wusste ich als Delsey-Träger nicht mal genau, wie man diese Marke aussprach, und ließ mir von einem Mitschüler weismachen, man müsse französisch »Delsjöh« sagen. Das ist vermutlich Quatsch, auch wenn der Typ selbst Olivier hieß statt Oliver.

Die Aktenkofferära dauerte allerdings nicht lange. Denn sobald wir uns mit dem Erreichen der Volljährigkeit tatsächlich für erwachsen hielten, galten Aktenkoffer als so spießig wie Nadelstreifenanzüge, Lackschuhe und Tupperpartys. Die Hartschalenkoffer wurden weitgehend durch grelle Rucksäcke oder Lederriementaschen ersetzt, wie sie auch die Sozialkundelehrer trugen.

Aus der heutigen Sicht eines lebenserfahrenen Bürogängers kann ich natürlich feststellen: Aktenkoffer in der Schule sind ebenso Unfug wie Smartphones im Kindergarten. Dennoch haben wir damals schon instinktiv die Erkenntnis gewonnen, wie praktisch sich Samsonite, Delsey, Rimowa & Co. für das spätere Berufsleben erweisen würden. Heute kommen die Coolen mit Eastpak-Rucksack ins Büro und mit zerknitterten Unterlagen in die Konferenz. Auf dem Boden ihrer trendigen Taschen bilden sich kleine Biotope, weil die Banane, die vor einer Woche eingepackt und seitdem vergessen wurde, inzwischen ein botanisches Eigenleben entwickelt hat. In meinem Aktenkoffer hingegen kann ich sogar ein einzelnes Blatt Papier tagelang spazieren tragen, ohne dass ihm auch nur ein Eselsohr gekrümmt wird. Und die

Banane ruht daneben in einer passenden bananenförmigen Plastikdose – wider das Vergessen. Der Aktenkoffer ist das ideale Behältnis für den Berufsalltag, selbst wenn der Koffer außer diesem Blatt und der Banane nur noch einen Kugelschreiber oder einen Eierlikör-Flachmann enthält. Mit dem Aktenkoffer in der linken Hand strahle ich zudem die Seriosität eines Vertreters der Hamburg-Mannheimer aus: Mit der rechten Hand kann ich entspannt zurückwinken, wenn mir jemand zuruft: »Hallo, Herr Kaiser!«

Außer mir sind damals übrigens nur zwei Mitschüler bis zum Abitur der Kofferträger-Elite treu geblieben. Olivier ist Lebensmittelchemiker geworden. Der andere heißt Georg, er beklebte damals seinen Samsonite mit bunten Aufklebern, trug einen Schlumpf um den Hals und arbeitet heute als Deutschlands einziger hauptberuflicher Lobbyist für die Legalisierung von Cannabis.

Und ich? Ich schreibe Bücher über spießige Dinge. Und wenn meine Tochter ins entsprechende Alter kommt, dann bekommt sie zur Einschulung einen Samsonite: Die stellen nämlich inzwischen auch Schulranzen her. Im lilafarbenen Fairy-Hair-Design.

4711 – »DAT WASSER VUN KÖLLE ES JOT«

Es ist eine magische Zahl, die mich schon durch mein ganzes Leben begleitet: viertausendsiebenhundertelf, oder auch: siebenundvierzig-elf. Auch wenn ich Echt Kölnisch Wasser, das meine Oma unter der Bezeichnung »Oddekollonje« auf ein Tempo-Taschentuch träufelte, um mir damit Kugelschreiberflecken aus dem Gesicht zu entfernen, heute nicht mehr so oft unter die Nase bekomme: die vier Ziffern sind als PIN-Code meines Handys seit nunmehr fünfzehn Jahren unvergessen geworden. Das Risiko von leicht zu merkenden Codenummern wie 1234 oder 0000 gehe ich natürlich nicht ein. (Sollte ich die PIN mal vergessen, dann erinnert sich der Hypochonder in mir an die Merkregel für die Normgröße der menschlichen Milz, die vier Zentimeter breit, sieben Zentimeter hoch und elf Zentimeter lang ist. Ein Überschreiten der 4711-Werte deutet auf eine Splenomegalie hin!)

Jeder weiß aus dem Werbefernsehen vergangener Jahrzehnte, dass 4711 die Hausnummer eines Gebäudes in der Kölner Glockengasse war, wo bis heute das Stammhaus des Parfümherstellers steht. 1794 während der französischen Besatzung ließ Kommandant Charles

Daurier die Häuser neu durchnummerieren, um das Durcheinander im Stadtplan zu beenden. Ein berittener Soldat soll, ohne vom Pferd abzusteigen, die Zahlen mit einem Pinsel auf die Hausfassaden gemalt haben. So die Legende.

Zwei Jahre zuvor bereits hatte ein Kartäusermönch dem Kaufmann Wilhelm Mülhens ein besonderes Hochzeitsgeschenk bereitet, das er »Aqua mirabilis« nannte. Es war die Geburtsstunde des Wunderwassers, das bis heute unter dem Markennamen 4711 weltberühmt ist, obwohl das Haus in der Glockengasse seit 1811 wieder die Hausnummer 12 trug und das heutige Dufthaus nach dem Krieg in der Glockengasse 4 neu gebaut wurde.

Das Kölnisch Wasser ist wohl nicht nur das erste Parfüm der Welt, sondern auch der erste Fall von professioneller Produktpiraterie. Denn erfunden wurde das Kölnisch Wasser schon früher: Die Geschichte von Johann Maria Farina erinnert an den Bestseller *Das Parfüm*. Farina, der Beau de Cologne, lebte Anfang des 18. Jahrhunderts und verfügte über den vollkommenen Geruchssinn, das heißt, er konnte jeden Geruch in seine Bestandteile zerlegen. Das war im damals entsetzlich stinkenden Cölln, wo sich die Adeligen aus Angst vor Krankheiten nicht wuschen und der Unrat auf den Straßen vergammelte, gewiss nicht nur eine angenehme Gabe. Farina wollte, wie der Romanheld Grenouille, den besten Geruch der Welt finden. Als er glaubte, ihn entdeckt zu haben, sagte er: »Mein Duft ist wie italienischer Frühlingsmorgen nach dem Regen, Orangen, Pampelmusen, Citronen, Bergamotte, Cedrat, Limette und die

Blüten und Kräuter meiner Heimat. Er erfrischt mich, stärkt meine Sinne und Phantasie.« Das Destillat nannte er: »Farina Original Eau de Cologne – Original Kölnisch Wasser«. Und er war der Erste, dem es gelang, ein Parfüm in Serie in der gleichen Qualität herzustellen. Dafür konnte er zeitweise für ein Fläschchen das Geld verlangen, für das ein Beamter ein Jahr arbeiten musste.

Farinas Konkurrent Mülhens kam sich indes besonders schlau vor und glaubte 1803, den richtigen Riecher zu haben. Er kaufte die Namensrechte eines Herrn Farina, der mit dem erfolgreichen Parfümeur bis auf die Namensgleichheit nichts zu tun hatte. So konnte Mülhens sein Wässerchen auch unter der Marke »Farina« vertreiben – und nicht nur das: Mülhens verkaufte sogar die Farina-Namensrechte an Dutzende weiterer Firmen. Natürlich kam es zum Rechtsstreit, den die Firma Mülhens immerhin achtundsiebzig Jahre später verlor. Seitdem vertrieb sie ihre Produkte unter dem Namen »4711«. Heute werden die Farina-Parfüms in achter Generation hergestellt, und das Unternehmen geht immer noch gegen Plagiate vor. In den Neunzigerjahren sollen sogar in Aldi-Regalen Duftwässerchen mit dem Namen »Farina« aufgetaucht sein, die nach »4711« rochen und mit dem Original-Farina nichts zu tun hatten. Übrigens hält der Farina-Clan heute auch die Geschichte mit dem Kartäusermönch und der Nummerierung der Kölner Hausnummern für erfunden. Unabhängig davon, welches Kölnisch Wasser wirklich das »Echte« ist: Unbestritten ist »4711« mit seinem verschnörkelten Logo, der Molanus-Flasche und dem türkis-goldenen Etikett zum massentauglichen Jahrhundertaroma geworden, während die Farina-Düfte eher ein hochpreisiges Produkt für Kenner und Liebhaber geworden sind.

Auch wer den Duft von »Oddekollonje« nicht mag oder sich an Omis Erfrischungstüchern satt gerochen hat: Ein Fläschchen 4711 sollte jeder dem Slogan »Immer dabei!« zufolge stets griffbereit haben, denn mit Kölnisch Wasser lassen sich mühelos Senfflecken entfernen, Spielkarten reinigen, Kopfschmerzen und vermischt mit Nelkenöl Mücken vertreiben oder vermischt mit Zitronensaft, Salz und Eiweiß Sommersprossen ausblassen. Und wenn man dem Slogan »Besonders heilsam gegen Unlust und Ermüdung« glaubt, dann handelt es sich wirklich um ein wahres Wunderwasser, das den toten Punkt auf jeder Party überwinden hilft – wie ein Schwarz-Weiß-Werbespot verspricht.

4711 hat als Eierlikör der Duftindustrie inzwischen seinem Großtanten-Image erfolgreich den Kampf angesagt. Nicht zufällig wurde am 4.7.11 die neue Duftlinie Nouveau Cologne vorgestellt: »Mit Aromen von Schwarzer Johannisbeere, samtiger Pfingstrose und warmem Sandelholz haben wir ein einzigartiges, sinnliches Dufterlebnis kreiert – einen inspirierenden, entspannenden Gegenpol zu unserem immer hektischeren Alltag.« Im begleitenden Werbespot fallen biegsame, tätowierte Schönheiten in transparenten Blusen und High Heels vom Himmel, tauchen ins Meer ein und loben den »new flavour« von »Four-Seven-Eleven«. Auch das 4711-Logo wurde aufgepeppt und aller tantigen Serifen beraubt.

4711, egal ob mit Schnörkel als Oma-Duft oder im peppigen Style als Shower Gel oder Body Lotion, kann man heute bedenkenlos benutzen. Denn die Firma Mülhens hat die Marke schon vor Jahren an den Wella-Konzern verkauft, die Erben der Duftdynastie können sich nicht mehr riechen, zerstritten sich bis aufs Messer und brachten das Unternehmen an den Rand des Abgrunds. Zwischenzeitlich gehörte die Marke zu Procter & Gamble, doch anscheinend konnte niemand so recht etwas mit den vier Kultziffern anfangen, sodass 4711 heute dem Stolberger Unternehmen Mäurer + Wirtz gehört. Das hat mit den unrühmlichen Plagiatsgeschichten vergangener Zeiten nichts zu tun. Und egal ob Farina oder 4711, bleibt mit den Bläck Föös festzuhalten: »Dat Wasser vun Kölle es jot!«

TISCHABFALLBEHÄLTER – DER KLEINE
WERTSTOFFHOF FÜR DEN HAUSGEBRAUCH

Eine Hotelübernachtung bietet gewöhnlich vielerlei
Komfort, den man sich daheim nicht leistet: Wer hat
schon eine Minibar im Schlafzimmer, eine Wellness-
Sauna im Keller, täglich neue Handtücher oder Pay-TV
abonniert? Und selbst das *Neue Testament* in der Nacht-
tischschublade dürfte heutzutage in den meisten Haushalten eher die Ausnahme als die Regel sein. Ebenso
verhält es sich mit dem runden Plastikbehälter auf dem
Frühstückstisch mit der verschnörkelten Aufschrift »Für
Tischabfälle«. Eine simple, aber geniale Errungenschaft,
die das Wellness-Erlebnis des Mülltrennens schon im
Morgengrauen möglich macht und an verregneten Tagen zumindest einen kleinen Ersatz für einen Wertstoff-
hofbesuch bietet. Es ist ein ungemein befriedigendes
Gefühl, die abgepellten Eierschalen nicht auf der Kaf-
fee-Untertasse oder im Rand des Eierbechers zwischen-
lagern zu müssen, sondern sie gleich in ein dafür vor-
gesehenes Behältnis befördern zu können und damit
die Sorge um eine schmutzige Tischdecke loszuwerden.
Ent-Sorgung heißt das Zauberwort, das nicht immer mit
Sondermüll und Problemabfällen zu tun haben muss,

sondern schon im Kleinen mit Brotkrumen, Käserinden, Joghurtdeckeln und zerknüllten Servietten. Nicht ohne Grund sind manche Tischabfallbehälter auch mit der mahnenden Aufschrift versehen: »Für den sauberen Tisch.« Der erhobene Zeigefinger ist durchaus berechtigt, wenn man die Wüsten- und Kraterlandschaften betrachtet, die der gemeine Frühstücker oft nach dem Breakfast-Büfett hinterlässt.

Kritiker des Tischabfallbehälters werden jetzt hygienische Einwände vorbringen. Tatsächlich ist die Reinigung dieser kleinen Wunderwaffe gegen Frühstückstischchaos nicht ganz unproblematisch, zumal Speisereste oder Eierschalen gerne am Plastik kleben bleiben.

Aber zum Glück gibt es Michaela Machhammer aus Fürstenfeld in Österreich, die ihre geniale Erfindung »Behälter zum Lagern sowie Entsorgen von Verzehrmitteln« unter der Nummer 202005000421 als Patent angemeldet und dies folgendermaßen begründet hat: »Es ist bekannt, Abfälle wie Tischabfall in entsprechend vorgesehene, verschließbare Behälter überzuführen. Dadurch ist nicht nur das Gesamterscheinungsbild verbessert, sondern es erleichtert auch das Abservieren des benutzten Tischgeschirrs. Nachteilig beim Benutzen der vorgenannten Tischabfallbehälter ist jedoch deren Reinigung, welche nicht nur aufwendig, sondern mitunter auch unangenehm ist. Besonders unangenehm ist die Reinigung dieser Tischabfallbehälter dann, wenn Reste von Verzehrmittel wie beispielsweise Kaugummi oder andere klebrige Verzehrmittelreste direkt in den Tischabfallbehälter eingebracht wurden.«

Soweit das Problem. Die Lösung sieht so aus: »Erfindungsgemäß wird ein Behälter zum Lagern sowie Entsorgen von Verzehrmittel, bestehend aus einem wiederverschließbaren Entsorgungsteil mit beweglichem, austauschbarem Gehäuse und beidseitig an diesem angebrachten, durch zumindest eine Seitenwand vom Entsorgungsteil getrennten Aufbewahrungskammern mit Entnahmeöffnungen vorgeschlagen.« Das kann man sich ohne Zeichnung nur schwer vorstellen, die Genialität dieser bahnbrechenden Erfindung wird aber durch dieses Fazit deutlich: »Zusammenfassend kann daher gesagt werden, dass der erfindungsgemäße Behälter zum Lagern sowie Entsorgen von Verzehrmitteln auf Grund seines integrierten Aufbaus bestehend aus wiederverschließbarem Entsorgungsteil, daran angeschlossener Aufbewahrungskammer für Verzehrmittel einerseits sowie für Reinigungstücher anderseits nicht nur eine hygienische Entsorgung von Verzehrmittelresten ermöglicht, sondern in einem, bedingt durch das im Entsorgungsteil vorgesehene bewegliche und dadurch austauschbare Gehäuse, das Entleeren des Entsorgungsteils wesentlich erleichtert.«

Ob Frau Machhammer reich geworden ist mit ihrer Erfindung, ist nicht bekannt. Jedenfalls ist sie hauptberuflich als Webdesignerin unterwegs. Die virtuellen Datenabfälle, die sie produziert, wird sie vermutlich ordnungsgemäß in ihrem digitalen Papierkorb entsorgen.

JEANSHEMD –
EINMAL GROSSSTADTCOWBOY SEIN

Auch in meinem Leben als überzeugter Kurzarmhemd-
träger gibt es Momente, in denen ich mal alle Überzeu-
gungen kurz vergessen und mich richtig locker und le-
ger geben möchte. Das sind die Augenblicke, in denen
ich kurz davor bin, zwei Busstationen ohne Fahrkarte
zu fahren, mich dreißig Sekunden unter der Dusche mit
eiskaltem Wasser abzubrausen oder einen Latte macchi-
ato zu bestellen. Natürlich kommt es nie zum Äußers-
ten, aber manchmal hole ich dann mein altes Jeanshemd
aus dem Kleiderschrank und fühle mich sofort wie Peter
Maffay nach der fünften Zugabe. Dann werde ich kurz
zum Großstadtcowboy und singe leise vor mich hin:
»Der wilde, wilde Westen fängt gleich hinter Bamberg
an...«

Jeanshemden als unverzeihliche Modesünde des vergangenen Jahrhunderts erleben ein ähnliches Schicksal
wie Schrebergärten oder Bausparverträge: Sie gelten als
so unfassbar spießig, verschroben und uncool, dass es
zuweilen schon wieder schick geworden ist, damit zu
kokettieren. Das führt zu zahlreichen Beiträgen in Style-
und Trendmagazinen, die alle mit dem gleichen Einstieg

beginnen: »Einst galt es als schrecklich spießig, doch jetzt ist es ein Must: Das Jeanshemd/der Schrebergarten/der Bausparer ist wieder da und feiert das Comeback der Saison.« Selbst der jüngste »Bachelor« hat sich in der RTL-Kuppelshow regelmäßig im Jeanshemd präsentiert, allerdings war er wohl auch der spießigste Junggeselle seit Erfindung der Kuppelshow: So war er als Modell für Feinripp-Unterwäsche zu sehen und versuchte gar, in Jura zu promovieren.

Und auch Peter Maffay ist ein ähnliches Phänomen wie das Jeanshemd oder der Gartenzwerg, und zwar nicht nur wegen seiner unterdurchschnittlichen Körpergröße.

Wenn Peter Maffay nicht zufällig einer der erfolgreichsten deutschen Musiker wäre, dann würden ihn viele wohl tatsächlich für einen seltsamen Zwerg mit merkwürdigem Akzent halten. Doch weil er inzwischen über vierzig Millionen Tonträger verkauft und damit eine gewisse finanzielle Unabhängigkeit erreicht hat, kann er es sich jederzeit erlauben, sein Geld für gute Zwecke zu stiften und im halb offenen Jeanshemd aufzutreten, ohne Spott und Häme dafür auf sich zu ziehen. Man findet das dann genauso rührend wie seinen Tabaluga-Drachen. Maffay ist wohl weltweit der einzige Rockmusiker, der glaubwürdig bleibt, wenn er beim Bambi eine Laudatio auf den Rapper Bushido hält oder mit Rolf Zuckowski ein Kinderlied aufnimmt. Und das alles, weil er in Lederkluft nicht anders wirkt als im Jeanshemd.

Wenn Peter Maffay in dreißig Jahren immer noch auf der Bühne steht und »Es war Sommer« singt, dann wird das Jeanshemd vielleicht ein Dutzend Comebacks bei den Modegurus hinter sich haben. Und für den Fall, dass es irgendwann tatsächlich dauerhaft cool bleiben sollte: Es gibt zum Glück auch Jeanshemden mit kurzem Arm. Und bügeln kann man sie auch!

APPLAUS, APPLAUS, APPLAUS –
BEIFALL IM FLUGZEUG

Auch Piloten machen nur ihren Job, stimmt. Ein Langstreckenflug von Paris nach New York ist für einen Flugzeugkapitän ähnliche Routine wie ein Reifenwechsel für einen Automechaniker. Bei beiden könnte ein Fehler tödliche Folgen haben, doch Applaus für eine gute Leistung bekommt nur der Pilot. Und den hat er verdient – auch wenn er in seinem Cockpit die Beifallsstürme gar nicht hören kann! Unser Applaus nach gelungener Landung ist nicht nur Ausdruck der Anerkennung, sondern vor allem der Erleichterung. Wenn ein ergreifender Kinofilm zu Ende geht, sich die Protagonisten aus Lebensgefahr befreit haben und in die Arme gefallen sind, kann es passieren, dass das Kinopublikum seinen Gefühlen freien Lauf lässt und mit Beginn des Abspanns spontan applaudiert. Dieser Beifall gilt freilich nicht dem Filmvorführer oder der Kartenabreißerin, sondern den Schauspielern und dem Regisseur, die nur selten mit im Zuschauerraum sitzen. Auch der andächtige Applaus der Touristen nach dem Glockenspiel auf dem Münchner Marienplatz gilt wohl kaum den Figuren im Rathausturm. Applaus ist eine emotionale Stellungnahme des Publikums, wie sie auch nach dem Überleben eines Flugs zum Ausdruck kommt. Die irrationale Angst beim Fliegen ist bekanntlich weitaus größer als im Auto, obwohl Letzteres nicht nur wegen der erwähnten Fehler beim Reifenwechsel viel gefährlicher ist. Nach überstandener Gefahr belohnt das Gehirn uns mit Glückshormonen: Es gibt nichts Schöneres, als beschossen und nicht getroffen zu werden.

Allerdings ist auch das nicht ganz rational: Wenn die Räder des Jets den Boden berühren, ist die Gefahr noch nicht gebannt. Im Gegenteil: Es sind mehrere Unglücksfälle bekannt, bei denen ein Flugzeug über die Landebahn hinausgeschossen ist, nachdem die Insassen schon erleichtert Applaus gespendet hatten, so wie beim Air-France-Flug 358 im August 2005, der als »Wunder von Toronto« in die Luftfahrtgeschichte einging. Alle dreihundertneun Passagiere überlebten, nachdem sie das brennende Flugzeug rechtzeitig verlassen konnten.

Doch das sind zum Glück Einzelfälle. Über die vielen Verkehrsunfälle auf Landstraßen und Autobahnen wird nicht groß berichtet, das Flugzeug gilt als sicherstes Verkehrsmittel, sodass es eigentlich angebrachter wäre, einem Busfahrer nach jedem unfallfreien Anfahren einer Haltestelle Applaus zu spenden. Doch ist es nicht das Bordpersonal, das uns mit seiner dramatischen Security-show zu Beginn jedes Flugs mit Schwimmwesten und Sauerstoffmasken die akut drohende Lebensgefahr vor Augen führt? Da hilft es auch nichts, dass immer wieder beschwichtigend vom ausdrücklich »unwahrscheinlichen« Fall eines Druckabfalls die Rede ist.

Auch wenn Business-Reisende über die Landungs-

Klatscher gerne die Nase rümpfen und Piloten sich gelegentlich zu ironischen Danksagungen genötigt fühlen wie: »Vielen Dank für Ihren freundlichen Beifall. Zur Information: Auch gestern sind wir ebenfalls erfolgreich in New York angekommen. Und vorgestern auch. Und davor auch.« Nicht alle können das Abenteuer Fliegen, das eigentlich jeder menschlichen Vorstellungskraft widerspricht, noch angemessen würdigen. Vielleicht gebührt der Applaus aber auch ein bisschen den Schutzengeln, die unsichtbar mal wieder einen guten Job gemacht haben.

»Applaus, Applaus, Applaus«, rufe ich mit Kermit, dem Frosch, übrigens nur in der deutschen Synchronisation, wenn dem Piloten eine sichere Landung gelungen ist. Und wenn ich dazu in der Lage wäre, würde ich auch dem Chirurgen nach einer gelungenen Operation Beifall spenden – oder dem DHL-Boten, der das Paket pünktlich im richtigen Stock abgeliefert hat. Oder der Wurstfachverkäuferin, die mit reinem Augenmaß exakt zweihundertachtundneunzig Gramm Hackfleisch auf die Waage gebracht hat. Der Applaus ist »der Ausdruck der Billigung oder des Gefallens einer Darbietung«, heißt es bei Wikipedia. Applaus ist aber auch das Brot des Künstlers. Wenn Sie also dieses Büchlein zu Ende gelesen und sich amüsiert haben sollten: Klatschen Sie kurz, und mein Dank ist Ihnen gewiss.

ZUGABE – CHRIS DE BURGH, DAS FLEISCH GEWORDENE KURZARMHEMD

Weil Sie so nett applaudiert haben, noch ein Nachtrag. Zwar liegt das Manuskript für dieses Buch bereits im Lektorat. Aber ich muss zu guter Letzt noch von einem Ereignis berichten, in dem sich alle Spießigkeiten, die ich hier beschrieben habe, in einer Figur vereinen, die sogar von der Gestalt her an einen Gartenzwerg erinnert. Ja, ich gestehe. Ich war auf einem Chris-de-Burgh-Konzert und habe damit wenige Tage vor meinem vierzigsten Geburtstag einen noch offenen Punkt auf meiner ewigen To-do-Liste abgehakt. Ich erinnere mich noch gut an die Übergangsphase von Kindheit zur Jugend, als »Lady in Red« ein Welthit wurde und ich auf meinem Kassettenrekorder seine Superhits rauf und runter nudelte. Erschreckende Erkenntnis: Der Schmusebarde mit der zeitlos unmöglichen Frisur war damals jünger als ich heute. Und er war ein alter Mann! Schon zu jener Zeit war es peinlich, die Frage »Und was hörst du so?« wahrheitsgemäß mit »Chris de Burgh« zu beantworten. Man hätte genauso »Flippers« antworten können. Wer sich nicht festlegen wollte, antwortete diffus mit »Ich höre Charts« und outete sich damit ungewollt als Sampler-Sammler

von »Bravo Hits« und »Kuschelrock«, was mit »Flippers«
auf einer Stufe stand. Als ich einmal unkontrolliert die
Frage eines mir durchaus sympathischen Mädchens, das
mich zu einem Sechser-Chicken-McNuggets eingeladen
hatte, nach dem Musikgeschmack mit »Chris de Burgh«
beantwortete, reagierte sie mitleidig: »Dann stehst du bestimmt auch auf Phil Collins.« Es blieb beim einmaligen
Fast-Food-Rendezvous. Kurzum: Der Barde – der Begriff wird derart inflationär eigentlich nur noch bei Helge
Schneider und Otto Waalkes in Verbindung mit dem Prä-
fix »Blödel« verwendet – war schon immer die personi-
fizierte Uncoolness, zu dem man sich so offen bekennen
konnte wie zu einem Jodeldiplom, dem zweiten Vornamen Eberhard oder einem *Focus*-Abo. Dabei kann man
sich sehr gut vorstellen, wie der singende Ire im Vorgarten seines Schlosses sitzt, seine Bausparunterlagen ord-
net und einen Eierlikör schlürft, nachdem er das Laub
weggeblasen hat. Chris de Burgh ist das Fleisch gewor-
dene Kurzarmhemd – obwohl er bei seinem Auftritt zu
seiner schwarzen Stoffhose ein hochgekrempeltes Lang-
armhemd trug, als hätte ihn Frau Schwind von Egelstein
persönlich beraten (wobei er sich in Sachen Frisur aber
hartnäckig als beratungsresistent erweist). Das Konzert
fand übrigens in meiner neuen Wahlheimat, der Mini-
golf-Hochburg Bamberg, statt, wo man, wie Tommy Jaud
im eingangs erwähnten *Resturlaub* feststellt, Rod Steward
hört statt House-Musik, und zwar am vierundfünfzigsten
Geburtstag von Michael Jackson. Das führt deutlich vor
Augen: Der gewiss nicht spießige King of Pop ist so tot
wie Amy Winehouse und Kurt Cobain, Chris de Burgh
aber ist so lebendig wie Roger Whittaker und Heino.

Dass man sich zu CdeB, wie ihn seine Fans nennen, nicht öffentlich bekennt, gehört also zu meinen frühkindlich sozialisierten Verhaltensweisen. Vor einiger Zeit hätte ich meinen Konzertbesuch womöglich schamhaft verschwiegen oder allenfalls mit einer Notlüge à la »Ich habe Freikarten bekommen« oder »Ich musste beruflich hin« begründet. Heute weiß ich: Es tut nicht weh, uncool zu sein, es kann sogar große Freude machen und ein sehr befreiendes Gefühl sein.

Ich klicke »gefällt mir« auf der CdeB-Seite auf Facebook und finde über zweihundertfünfzigtausend Gleichgesinnte. Den musikalischen Helden meiner Jugend wollte ich unbedingt in diesem Leben noch live auf der Bühne sehen. Abgehakt. Was jetzt noch auf meiner ewigen To-do-Liste steht? Roland Kaiser geht dieses Jahr auf Jubiläumstournee. Vielleicht sehen wir uns!

Danke für Ihre Aufmerksamkeit.

PS: Danke sagen ist vielleicht spießig. Daher will ich nicht versäumen, mich bei allen zu bedanken, die dieses Bekenntnis zum Spießertum ermöglicht haben.

Mein Agent Kai Gathemann hat mich überzeugt, dass nach sieben Kriminalromanen jetzt Zeit für ein Sachbuch ist.

Leena Flegler, meine Lektorin, sieht überhaupt nicht spießig aus, umso überraschter war ich, mit welcher Überzeugung und Authentizität sie Ideen, zum Beispiel das Thema »Frühbucherrabatt«, beisteuerte.

Ich danke den Lesern meiner Romane, die meinen kleinen Genrewechsel hoffentlich verzeihen und die Wartezeit bis zum nächsten Krimi gut überbrücken.

Dank gebührt auch all meinen Freunden und Bekannten, die mit ihren Kurzarmhemden und Aktenkoffern ungewollt ein Quell der Inspiration gewesen sind, mir aber unter Androhung härtester Strafen verboten haben, sie namentlich mit Kuckucksuhren und Fahrradklammern in Verbindung zu bringen.

Natürlich bedanke ich mich auch bei den Erfindern des Internets, die es mir ermöglicht haben, all die Fakten nach bestem Wissen und Gewissen zu recherchieren, die ich hier habe einfließen lassen, um meine Thesen zu untermauern. Weil dies ein Unterhaltungsbuch und keine Doktorarbeit ist, habe ich auf Fußnoten und wissenschaftliche Quellennachweise bewusst verzichtet.

Ich bedanke mich bei meiner Tochter Antonia, die mir durch ihre Geburt eine kreative Pause ermöglichte, in der ein Großteil dieses Buches entstanden ist, sowie bei meiner zauberhaften Frau Nadine, die mir nicht nur diese Tochter geschenkt hat, sondern sich beim Korrekturlesen tapfer schwarz auf weiß vor Augen führen ließ, mit was für einem Spießer sie verheiratet ist.

PPS: Ach ja, und wer sich die ganze Zeit gefragt hat, was die drei Fehler in »Mensch ärger Dich nicht« sind:
1. Nach »Mensch« fehlt ein Komma
2. »Dich« wird nur im Brief groß geschrieben
3. Am Ende fehlt ein Ausrufezeichen

PPPS: Und um alle Handydiebe zu warnen: Die PIN-Nummer 4711 habe ich vor Erscheinen dieses Buches natürlich geändert.

INHALTSVERZEICHNIS